JN127066

自立力を磨く

お金と組織に依存しないで豊かに生きる

藤村靖之

而立書房

ブックデザイン　中新

プロローグ

お金と組織に依存しないで豊かに生きたい……

自由に、クリエイティブに、誇り高く生きたい……

そう考える人が世界中で確実に増えているようだ。資本主義の破綻が、予感から確信へと変わってきたのだろうか。

お金と組織に依存しないで豊かに生きるためには、自立力が必要だ。

ここで言う自立力とは、安定的な地位や収入を実現することではない。それは競争力であって、資本主義が破綻すれば力を失う。自立力の中身は

『自給力』――食べ物・住まい・エネルギー……を自分で愉しくつくる力

『自活力』――必要な現金は、仕事を創って愉しく稼ぐ力

『仲間力』――仲間をつくり、仲間と協力して愉しく生きる力

の3つだと僕は思う。資本主義が破綻しても力を失うことはない。

自立力を身に着けた人は少なからず存在して、豊かな人生を実現している。ライフスタイルを転換して、自立力を磨き始めた人も増えてきた。自立力は未熟だが、希望に満ちて

いる。しかし、これらの人は圧倒的に少数派だ。

自立を夢見るが踏み出せない……そういう人が圧倒的に多いのだと思う。なにしろ僕たちの国は依存社会、つまりお金と組織に依存する社会を一貫して追求してきたのだから。

そこで、本書では自立力の磨き方を紹介してみたい。３Ｋ（キタナイ、キツイ、キケン）ではなくて、オシャレでタノシイ磨き方だ。自立力を身に着けて幸せな人生を実現している人びとのことも紹介したい。二〇〇〇年からずっと、弟子を養成してきたので、実例の紹介にはこと欠かない。

いま僕たちは文明の転換期を生きていることは、どうやら間違いないようだ。

次にくる文明を考えると胸が躍る。しかし、文明の転換期は多くの困難を伴う。困難に立ち向かい、克服しながら次の文明の扉を開く……そのためには生きる力、つまりは自立力が必要なのだと僕は思う。自立力を磨いた人たちが共生して、平和な人生と社会を営む……そういう文明の到来を切に願いたい。

自立を指向する人たちにとって、本書が小さな道標（みちしるべ）になれば、僕には大きな仕合わせだ。

目次

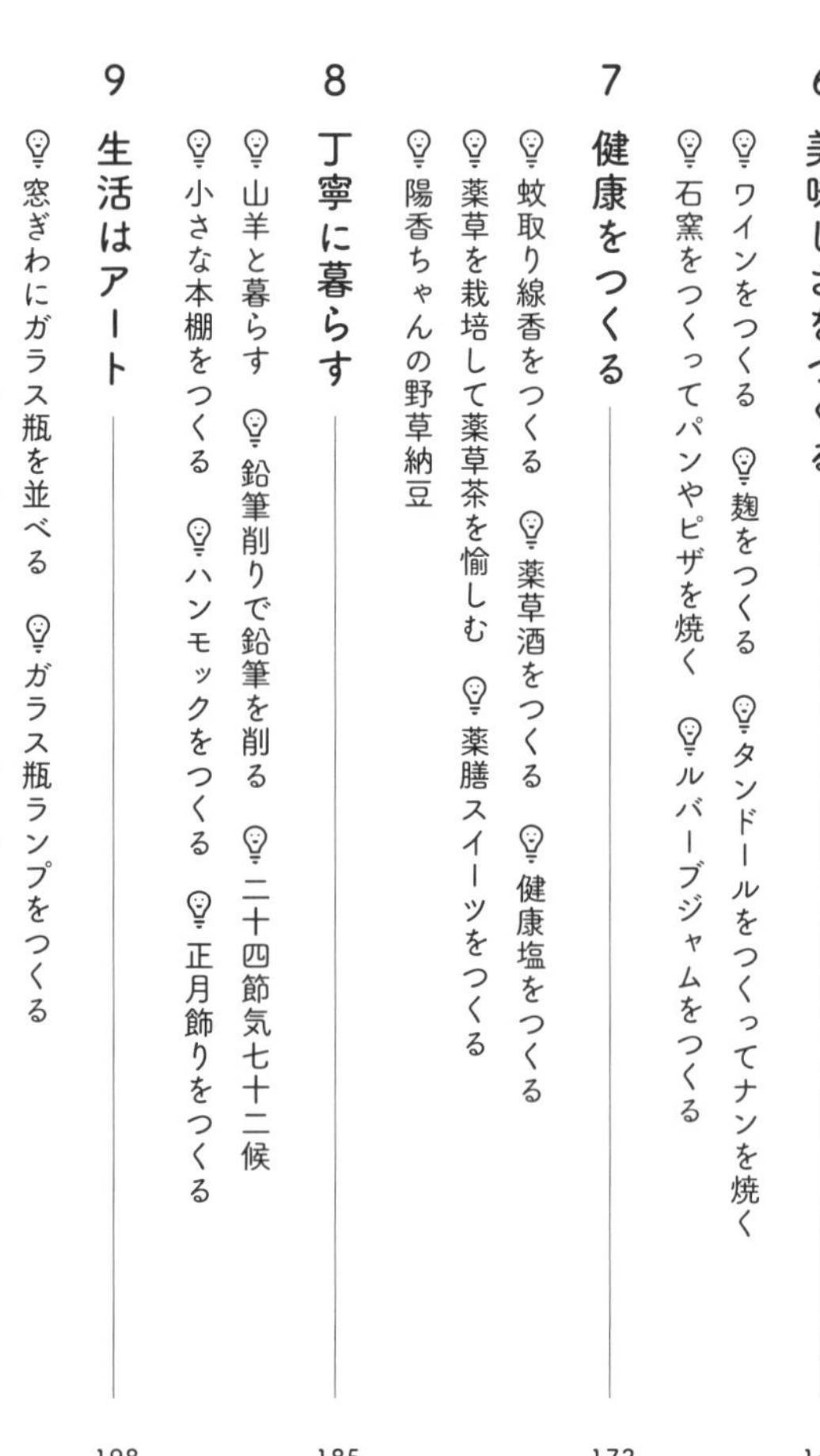

エピソードV

愉しい仕事の生み出し方

文明の転換と
資本主義の破綻

文明の転換

いま僕たちは、文明の転換期に生きている。それは、どうやら間違いないことのようだ。千年続いたアングロサクソン文明が完成の極みに達すると同時に矛盾が膨張し、爆発して、次の文明への転換を余儀なくされている……そう言い切ってもよいと僕は思う。

「自分の欲望で人や自然を支配する」のがアングロサクソン文明……とよく言われる。支配の範囲が小さい時代は矛盾も小さかった。だが今は支配の範囲は地球規模をも超えるほどに大きい。地球温暖化に象徴されるように、矛盾は大きくなり過ぎて、もはや限界を超えた。インターネットやＡＩや遺伝子操作に代表されるテクノロジーの影響も計り知れない。文明の転換は必然だ。

「知ること・繋がること・自立すること」という合言葉がある。世界中の敏感な女性や若者が使う。この合言葉は、アングロサクソン文明の戦略的な特徴である「非論理・分断・依存」のアンチテーゼになっている。このアンチテーゼが偶然なのか必然なのか、僕には分からない。でも、いま僕たちが体験しているのは、アングロサクソン文明からの転換であることの証左のような気がする。

次の文明は、どんな文明なのだろうか？　自分の欲望で人を支配するのではなく、「人と自然が、人と人が共生する」文明であってほしい。非持続型で競争型で依存型ではなく、「持続型・共生型・自立型」の文明であることを切に願う。文明はこれから、どういう道をたどって、いつ、どこに行き着くのだろうか？　考えると胸が躍る。

［文明の転換］

自分の欲望で自然と人を支配する文明

アングロサクソン文明

新しい文明

人と自然が、人と人が共生する文明

［社会システムとライフスタイルの転換］

非持続型・競争型・依存型

持続型・共生型・自立型

多くの困難

転換期には多くの困難を伴う。そして多くの弱い人が血を流す。歴史的にはいつもそうだ。だから、今回の転換期にも多くの困難を覚悟せざるを得ない。勇気をだして困難を予想してみると、環境の破綻、資本主義の破綻、社会保障システムの破綻、国際平和の破綻、テクノロジーの暴走、民主主義の破綻、保健衛生の破綻、食料の破綻……ナドナド。困難に凜(りん)と立ち向かい、克服してゆかなければ、次の文明の扉は開かれない。逃げるわけにはいかない。だとすれば、辛く悲しくではなくて、明るく・愉しく・みんなで克服していく方がいい。それが文明の転換期の賢い生き方だと僕は思う。

資本主義の破綻

困難の一つは資本主義の破綻だろう。成長し続けなければ資本主義は成り立たない。そして成長のスピードが速すぎればコントロールが効かない。コントロールを失えば破滅に突き進むしかない。誰でも知っていることだ。

成長を危ぶむ声は、かっては大きかった。ローマクラブが「成長の限界」を発表して人類の危機を訴えたのは半世紀前（一九七二年）のことだった。多くの共感を得たが直ぐに忘れ去られた。当時イメージされた「限界」のハードルはとっくに越えられてしまった。

これ以上の成長は許されない。つまり資本主義の破綻は避け難い。

破綻のプロセスは僕には予測できない。不確実な要素があまりに多すぎる。何かがキッカケになって破綻の引き金が引かれ、連鎖反応が起きるのだろう。いつ、その引き金が引かれるのかもわからない。明日かもしれないし二年先かもしれない。

資本主義が破綻すると、お金と組織が力を失う。だから、お金と組織に依存しないでも豊かに生きていく力、すなわち自立力を磨いておくのは賢い選択肢の一つだ。

破綻に至らない可能性も僅かにあるのかもしれない。その場合でも、自立力を身に着けて損なことは何も無い。不安に怯えることのない、人間性豊かな暮らしの助けに、きっとなると僕は思う。

環境の破綻

北海道で五月に39・5℃の気温が観測された（二〇一九年五月二六日）。観測史上初だという。このような「観測史上初の……」という報道をしばしば耳にするようになった。二〇一八年頃からは、とみに頻繁になった。例えば、最近の八日間（二〇二〇年五月初旬）の間に、観測史上一位の気象は二十二回も観測されている（気象庁ホームページより）。この時期が特別に異常だったわけではない。驚くべきことに誰も驚かない、「観測史上初」

には慣れっこになったからだろう。そして気候変動を誰もが実感するようになった。地球温暖化がこの気候変動を引き起こす原因であることを疑う人は、もはやいない。

二〇一五年十二月にほとんどの国が署名したパリ協定では、地球の平均気温が産業革命前に比べて2℃上昇すれば、人類の生存は危ういこと、そして1.5℃の上昇でも温暖化は暴走し始めて、歯止めが利かなくなる……として、二〇五〇年までに地球温暖化ガスの排出をゼロにすることを求めた。当初真剣に受け止めなかった人たちも、その後の気候変動の激しさを実感するに及び、疑うことを止めて深刻になった。

深刻になったのに、温暖化ガスはいっこうに減らない。今の排出量が続けば八年後の二〇二八年には1.5℃の温度上昇に達するという科学的事実を突きつけられているのに、そして、そのことを誰も疑っていないのに……だ。不思議だ。

タブー

環境破綻に向かって突き進んでいるのに、そして、そのことを疑っていないのに、止まらない。なぜ止まらないのかは誰もが知っている。経済を縮小しなければ環境破壊は止められないからだ。知っているけど誰も口には出さない。まさにタブーだ。資本主義社会における最大のタブーは経済を小さくすることだからだ。

環境保護と経済成長はもはや相容れない。経済成長を無理押しすれば環境破壊が深刻に進み、人命をも経済をも直撃する。経済成長を止めれば資本主義は破綻する。資本主義の破綻を予感あるいは確信している人たちの根拠の一つは、環境破綻だ。

新しい文明の萌芽

多くの人が予感し、あるいは確信している資本主義の破綻について触れてみた。破綻は多くの人、特に弱い立場の人に大きな困難をもたらす。だから破綻を歓迎しているわけでは勿論ない。しかし、破綻が避け難いのであれば、破綻に備えて自立力を着けておくのは無駄ではない。またそれが、次の文明の扉を開くエネルギーになるような予感がある。

新しい文明の芽が世界中で生え始め、それがムーブメントというエネルギーになってきた。このムーブメントにシンクロナイズして行動すれば、次の文明を早めに引き寄せられるのかもしれない。

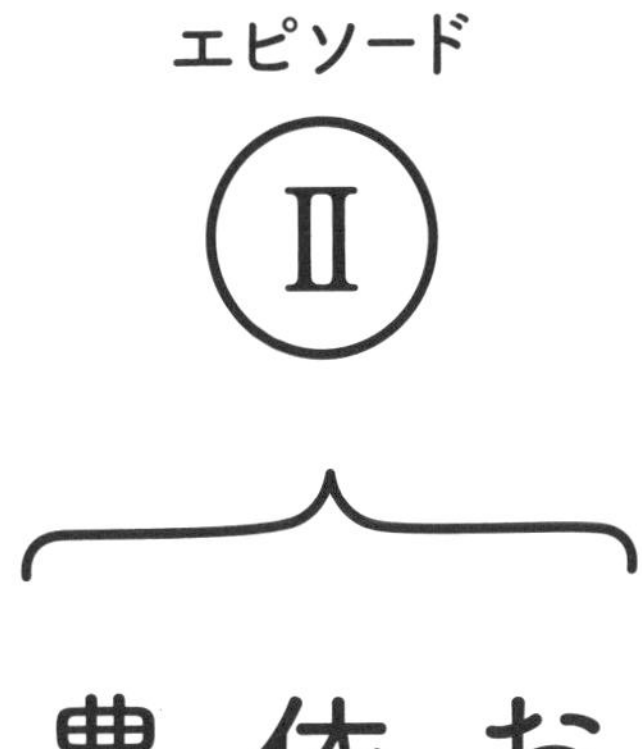

お金と組織に依存しないで豊かに生きる

アフリカ人は幸せ……だった

僕は発明家だから、世界中をほっつき歩いて生きてきた。困っている人がいたら、発明をしてなんとかしてあげるのが発明家の仕事だから、僕が行くのは困っている人が多い所だ。アフリカには一番よく行く。

アフリカ人は不幸だ……と多くの人は言う。僕は、そうは思わない。子供が餓死したり、伝染病で多くの人が死んだり……と、確かに不幸な国は存在する。それ以外の多くの国では、人々は仲良く陽気に暮らし、日々の生活をエンジョイしていた。ストレスは無いし、体は健康そのものだった。不安も感じていなかった。子供たちは生産の一部を愉しく分担しながら、無邪気に遊びまわっていた。自然や動物とも仲良く調和しながら生きていた。平均的な日本人よりは、平均的なアフリカ人の方がずっと幸せ……と僕は思った。

……

これは「今は昔、アフリカというところに幸せな人々が住んでいた」という昔話だ。

アフリカ人は不幸せ……になった

いま、多くのアフリカ人は「僕たちは不幸だ」と口癖のように言う。状況は変わっていないのに、認識だけが変わった。そもそも、「幸せか、不幸せか？」とか、「人と比べてどうか？」とか、「人にどう見られているか？」などという余計なことをアフリカ人は考えなかった。そんな余計なことを考えていたら、日々をエンジョイできなくなってしまう。

ナイジェリアの市場

ナイジェリアの工場

「僕たちは不幸だ」の次には、「不幸なのは貧しいからだ」と来て、「金持ちになれば仕合わせになるはずだ」と続く。「金持ちになるには経済成長すればいい」というのが最後のフレーズだ。「ハハン、罠に嵌（は）められたな！」と、僕は思った。例えばジンバブエ。世界一貧しいと言われたこともあるアフリカ南部の小国だ。そのジンバブエの地方都市にも中国人がタクサンいて、経済成長を煽（あお）り立てている。

アフリカの人たちは、よく働くようになった。収入は増えたが、顔は暗くなった。仲も悪くなった。ストレスも強くなった。病人も増えた。収入が増えるほど不幸せになる。

中国人が悪い……のではなくて、グローバリズムという資本主義の最終形態が世界の隅々まで浸透したのだと僕は思う。

日本の若者の多くは、「金持ちになれないと幸せにはなれない」と、よく言う。その次には「しかし僕たちは、どうやら金持ちにはなれそうにないぞ」と続き、「であるがゆえに、僕たちの未来には希望はない」と締めくくられて、希望を失って行く。理不尽だ。対局にあるような日本とアフリカだが、奇妙なほどによく似ている。実は、世界中似ている。

アフリカ人は自立力が強かった

アフリカ人の多くは自立力の達人だ。必要なものは自分たちでつくる。タクサンのものを必要としないから、少ししかつくらないのだけど。仕事も生み出して稼ぐ。タクサンの金を必要としないから、少ししか働かないのだけど。そして誰とでも仲良く、協力して生きている。競争する必要が無いからだ。嬉しいことがあると、直ぐに踊り出す。

日中は太陽の下で汗を流して生産に励み、日没後は安らぎの時を過ごす。日々を存分にエンジョイして、その繰り返しが一生となる。人間の幸せというのは、こういうことだったのか……と、アフリカ人との付き合いで気が付いた。今は昔の物語だけど。

日本人は世界一器用……だった

「日本人は世界一器用」と、かって日本人は思っていたし、多くの外国人も認めていた。遺伝子のせいではない。なんでも自分でつくったから器用になっただけのことだ。

当時、世界一不器用と言われていたのはアメリカ人だった。「半田(はんだ)づけもできない」と僕たちはアメリカ人をからかっていた。「棚がつれない亭主」という言葉は、不器用な亭主をからかう日本人の常套句だったが、いま棚を吊れる日本の亭主は稀だ。棚を吊れるアメリカ人は多い。どうやら、「世界一不器用」の座は日本人が奪ったようだ。

つまり、日本人も自立力が弱くなった。お金と組織に依存するライフスタイルを半世紀も続けてきたからだろう。

お金と組織に依存しないで豊かに生きる

お金と組織に依存しないで豊かに生きる……そのためには自立力が必要だ。自立力の中身は次の3つの力だと僕は思う。

『自給力』――食べ物・住まい・エネルギー……を愉しくつくる力
『自活力』――必要な現金は、仕事を創って愉しく稼ぐ力
『仲間力』――仲間をつくり、仲間と協力して愉しく生きる力

目新しいことではない。昔はみんなそうしていた。「ナンダ、貧しい昔に戻るのか」と勘違いしないでいただきたい。貧しい昔に戻ったのでは不幸になってしまう。そもそも昔に戻ることなどできはしない。

日本は紛れもなく成熟社会になった。3K（キタナイ、キツイ、キケン）は大嫌いだ。民主主義も曲りなりにも発達した。権利意識は格段に強くなった。技術も発達した。昔にはできなかったことが、今なら可能だ。

しかし、日本人の自立力は著しく衰えてしまった。だから、自立力を

［自立力の中身］

自立力 ＝ 自給力 ＋ 自活力 ＋ 仲間力

取り戻す。そうすれば、お金と組織に依存しないでも、豊かに生きることができる。二〇〇〇年以来、弟子を多く育ててみて、そう確信した。

愉しい自立

愉しくなければ長続きしない。長続きしても不幸せになってしまう。だから、愉しさは必須だ。愉しさの中身は、人によって違うのだけど、乱暴に言い切ってしまうと、美味しいことが一番で、二番は温もりのある人間関係、三番目がよい雰囲気、四番目が充足感、つまり何かを成し遂げたという達成感や、何かを習得したという成長実感……以上終わり。

非電化工房ではものつくりワークショップを頻繁に行う。主催者として一番熱を入れるのは美味しいオヤツだ。時間が足りない場合でも、オヤツの時間は削らない。「不真面目だ！　技術伝授が一番だろう？」という技術系オジサンからのブーイングが聞こえてきそうだが、一番は美味しいオヤツ。なぜかというと、ぼくたちのワークショップの一番の目的は、みんなでつくることを好きになってもらうことだからだ。好きになれば、技術は後からでも補える。だとすれば、思い出になるほどに愉しんでいただきたい。そのためには、語り継がれるほどに美味しいオヤツが一番、と信じている。

オシャレで愉しい有機稲作

愉しくするためには、技術と仲間が必要だ。例えば、米づくり。市民稲作を始めた人は多い。有機稲作、つまり農薬や化学肥料を使わない稲作を選ぶ人がほとんどだ。有機稲作では雑草退治は死ぬほど辛い。有機肥料つくりも辛い。害虫駆除も辛い。腰を痛めて止める人も少なからずいる。ならば、農薬を使わないのに、農薬を使う農業よりもオシャレでラクチンな稲作というのはどうだろう。これなら、無理に農薬を使う必要もなくなる。そのためには、技術がすこしだけ必要だ。具体的な方法は後述する。

簡単な技術がいい

「非電化冷蔵庫をつくって持って帰るワークショップ」というのを何回か開催したことがある。人気ワークショップのようで、二十人の定員は直ぐに埋まる。面白半分に「文系お母さん優先」としてみたら、文系お母さんだけで定員が埋まった。

十時にスタートした。お母さんたちの目は輝き放しだった。十七時に出来上がった時には、二十人全員が涙を流した。感動が大きかったのだろう。

こんなことを世界中で何十年もやってきたから、僕は知っている。「本当はみんな、モノヅクリが好きでたまらない」ということを。だけど、技術が高度化されて、素人だから、女だから、文系だから、子供だから、アフリカ人だから……できない、と思いこまされて専業消費者の地位に貶められている。物はつくるものではなくて、お金を使って買うものになってしまった。となればお金に依存するしかない。だから、技術は文系のお母さんでもできるくらいに簡単な方が良い。具体的な方法は後述する。

仕事も愉しい方がいい

仕事だって愉しい方がいい。愉しく仕事をしている人もいるが、少数派だと思う。例えばIT産業従事者。最先端の職業だ。一九八六年に二〇万人だったのが、二〇一〇年には百万人に増えたそうだ（経産省データ）。華やかな職業に見えるが、過重労働で、ストレスの多い仕事のようだ。ストレスが高じて、約六割の人がうつ病を患っているそうだ（二〇一〇年厚労省データ）。愉しく仕事をしているとは思えない。

仕事が愉しくない理由の一番は、過重労働だからだろう。日本人の平均実労働時間は二〇一八年には二〇五七時間だそうだ（経団連調査）。これに平均二二三時間の時間外労働（同上）と平均三三六時間の通勤時間（二〇一八年総務省統計局）が加わる。合計すると二六一六時間。平均通勤日数で割ると、一日一〇・九時間。これらはすべて平均値。平均という統計は強い人と弱い人を均してしまうから危険だ。例えば時間外労働の平均は二二三時間だが、三六〇時間を超す人が24％含まれている（経団連調査）。法定の七二〇時間を超す人も1.6％いる（同上）。いずれにしても労働時間があまりに長い。

支出は少ない方がいい

労働時間が長いのは、支出が多いからだ。多い支出を賄うために長く仕事をする。時には身も心もすり減らして仕事をする。例えば介護の仕事。僕の弟子にも介護者は多い。例外なく優しい青年だ。その優しい青年が、五年もすると疲れ果てて暗い人になる。労働が過重なのだろう。被介護者に対する優しい気持ちも後退しがちだと打ち明けてくれる。「週に二・五日労働だったら、優しい気持ちを維持できるか」と聞いてみたら、「できる」と答えてくれた。二・五日は介護に励み、残りの四・五日は休日にする。収入は半減するが、休日に自給自足を愉しめば支出も減るからバランスはとれる。スモールビジネスを愉しめば収入も増える。幸せ度は上がる。僕の弟子の坂田隆二君は栃木県那須町でそれを実現している。支出を愉しく減らす方法も後述する。

好きなことを仕事にする

仕事が愉しくないもう一つの理由は、好きでないことを仕事にしているからだ。現に、好きなことを仕事にしている人たちに聞くと、「愉しい」とみなが答える。生活は苦しいのに。だから、好きなことを仕事にして、しかも生活が苦しくなければ、きっと愉しいはずだ。

「好きなことは？」と聞くと、旅行とか釣りとか読書……という答えが返ってくる。それは、趣味の話だ。趣味というのは、余暇にお金を使ってやるものだから、仕事にはなりにくい。そうではなくて、好きになりそうなことを未来から探してくる。その中から仕事になりそうなものを見つける。具体的な方法は後述する。

技術と仕事の融合

非電化工房には常時三人～八人の弟子が住み込んで、自立力の修行に励んでいる。大学生が休学したり、高校を卒業して進学せずに弟子入りしたり、企業や公務員や教師を辞めてきたり……共通しているのは、自給自足や仕事創りには素人ということだけだ。

四月に弟子入りして、三月に卒業するころには、食べ物は一通りつくれるようになる。穀物と野菜の栽培だけではなくて、味噌やワインや納豆のような加工食品、パスタやインド料理やシフォンケーキのような調理も一通りできるようにする。住む家も水道工事もできるようになるし、使うエネルギーも生み出せるようになる。ステンドグラスだってつくる。

つまり、自給自足の技術を学ぶ。普通だと技術を学ぶことに専念して、その技術はやがていつか活かされるかもしれないけど、活かされないことの方が多い。非電化工房の修行では、学んだ技術は必ずスモールビジネスに結び付けるように叩き込まれる。例えば椅子をつくれるようになったら、その椅子を売る。だから売れるような魅力ある椅子をつくらなければいけない。ガラスに孔をあける技術を学んだら、ガラス瓶の浄水器や、ガラス瓶のキャンドルランタンやお洒落なウォーターサーバーをつくって売る。オシャレでなければ売れるはずがないから、センスも磨く。

これを「技術と仕事の融合」と僕たちは呼ぶ。学んだ技術の複数倍のスモールビジネスが生まれる。間違っても技術と仕事を分離しない。

技術と生活の融合

学んだ技術は必ず生活に活かして、幸せ度を上げる。生活に活かせないような、そして幸せ度が上がらないような技術は学ばせない。例えばソーラーフードドライヤーをつくる。一日のワークショップに参加すれば、文系のお母さんでも愉しみながらつくれる技術だ。

この技術を身に着けると、例えば無添加・無農薬の美味しいグラノーラのようなドライフードの販売、ソーラーフードドライヤーの販売やワークショップ開催などのスモールビジネスを展開できる。そして、ドライフードを活かして生活を豊かにする。

ドライフードにすると、調理の時間は短くなるし、味は濃くなって美味しくなるし……いいことだらけだ。ドライフードレシピを研究して、上達したら、友人にも教えてあげる。

つまり、学んだ技術を生活に活かす。これを「技術と生活の融合」と呼ぶ。生活は豊かになり、幸せ度は上がる。間違っても技術と生活を分離しない。分離すると嘘っぽい技術になり、それを仕事にすると嘘っぽい仕事になりやすい。嘘っぽい仕事をしていると人格が下がる。誇りも低くなりそうだ。

豊かさの意味

豊かさというのは、経済的にリッチであること……という時代が長く続いた。その前の時代があまりに貧しかったので、経済的にリッチになれば幸せになると、みんなが本気で考えた。だから、高度経済成長時代には胸を躍らせて励んだ。「過労死は勲章」と言われた時代が確実に存在した。

高度経済成長前の一九六〇年の日本の国民一人当たりGDPは四〇〇〇USドル程度だ

ったのに、高度経済成長後の二〇〇〇年には二万USドルを超えた。経済的な豊かさは実現できたと言っていい。しかし、国連の幸福度ランキング六二位（二〇二〇年発表）の数字に象徴されるように、幸せは実現できていないと言わざるを得ない。

経済的豊かさが幸福の中身でないならば、幸せを実現する豊かさとは何なのだろうか。それは人間性の豊かさなのだと、多くの日本人は気づき始めた。僕もそう思う。人間性の豊かさの中身はイロイロだと思うが、不安の無い社会、争いの無い平和な社会、優しい心、情感の豊かさ、自由でクリエイティブな人生、誇り高い生き方、丁寧な暮らし、美しい環境……ソウイウコトなのだと僕は思う。僕たちが目指す「自立」も、ソウイウ豊かさをイメージしたい。

愉しく支出を減らす方法

1 支出を減らす意味

ドイツの支出ゼロプロジェクト

「支出ゼロプロジェクト」がドイツの若者の間で流行っている。飲まず食わずのサバイバルレースではない。まともに生活する。どうやって支出ゼロにするかというと、プロジェクトメンバー同士が物々交換することによって必要な物を手に入れる。

昔からある物々交換とは違う。プロジェクトメンバーは、それぞれの支出をゼロにするために相談して工夫する。具体的には、それぞれの翌月の支出予想を詳しく発表する。すると他の人が「それ買わないで、僕の余っているものを使って」という具合に、発表者の支出が減るように提案する。物だけではなく、サービスも対象だ。「来月に壁のペンキを塗り替える。ペンキ屋に五〇万円払う」と発表すると、誰かが「ペンキ塗りは得意だから俺がやる」という調子だ。

最終的にはギブ&テイクになるように調整するが、完全に公平にはならない。しかし、「不公平だから降りる」と言う人は滅多にいない。物々交換という低い次元ではなくて、「お互いの支出をゼロにする」という高い次元の意識を共有しているからだ。

プロジェクトメンバーが二人だけだと支出は10%くらいまでしか減らない。メンバーが五人いれば、20%くらいまで。メンバーが五十人になると、支出はナント50%まで減る可能性があるという。そして、メンバーが二百人になると、支出はゼロになるという。ユーロしか受け付けない、税金などを除いての話だが。現在ドイツには大小三千個のプロジェクトが存在するそうだ。五十人のプロジェクトも生まれたと聞く。

特筆すべきは、「支出を少なくするのはカッコイイ！」とメンバーが思っていることだ。「収入が少ないので、仕方がないから支出を減らす」と暗く考える若者はいない。

資本主義を軽やかに乗り越える

アメリカの若者の間で流行っている「タイニーハウス」が日本の若者の間でも流行り始めた。小さな家を自分たちで建て、なるべく物を持たない生活をする。「小さな家は文化だ！」、「小さな家は哲学だ！」、そして、「小さな家はクールだ！」と彼らは一様に言う。「カッコワルイのは何？」と彼らに聞いてみると、「あのバカでかい家と、そこに住むデブのオヤジ」と答えてくれた。「収入が少ない。仕方ないから小さい家に住む」と暗く考える若者はいない。

ドイツの支出ゼロプロジェクトも、アメリカのタイニーハウスも、若者たちは陽気だ。「資本主義なんか軽やかに乗り越えている」というのが僕の印象だ。頼もしい！

韓国の青少年の自殺

韓国語の「月3万円ビジネス」が二〇一二年に出版された。よく売れた。韓国の若者はストレスが大きい。だから、この本に答えを求めたのかもしれない。

韓国は激しい格差社会だ。競争に負けて中産階級に留まれないと、人生は悲惨だ。その恐怖心で競争に参加している。ストレスが大きいのは当然だ。十才から三十才の死因のダントツ一位は自殺という。むごすぎる。

韓国の若者たちに3Biz（月3万円ビジネスのこと）の講義をした。いいことしかやらないこと、愉しく稼げること、ノーリスクであること、一つの3Bizに要する時間は月に二日以内であること……などなどだ。そして、彼らに質問した。「君たちが3Bizだけで生計を立てるとしよう。3Bizを何個やるのが一番幸せかな？」と。

一人の青年は「五個ですね。月に十五万円でしょう！」。隣の青年は「僕は十個ですね。月三〇万円でしょう。すごいですね！」。別な青年は「十五個で四十五万円稼ぎたい」……こんな答えばかりだ。

「つまり、収入が多いほど幸せっていうことか?」と聞くと、「あったりまえじゃん」と反応する。「僕なら3B・izを三つが一番幸せだと思うけどなあ」と言うと、「たったの九万円で何が幸せなのさ」と会場は騒然となる。

「一つの3B・izには月に二日しか掛けないから、三つで月に六日。残りの二十四日は自由時間だよ。つまり週休六日。週に六日も自由時間があれば、食糧や住む家や使うエネルギーを、みんなで愉しくつくるのは難しくない。支出が少なくなるから、月一万円くらいは貯まる。ストレスは貯まらない。身体は健康で、仲間も増える一方。毎日が喜びに満ちている。こういうのを幸せというのだと思うけどね」とボソボソつぶやく。

「君たちは収入が多ければ幸せと言うけど、自給率はゼロ。なんでもお金で買う。支出が多いから収入を増やそうとする。自由時間はますます少なくなる。お金は貯まらない。ストレスは貯まる。身体は悪くなる一方、仲間も減る一方。どこが幸せなんだろう」と首をかしげてみせる。

「3B・izを何個やるのが一番幸せ?」と、もう一度聞きなおすと、全員が三個と答えた。ここまでに要した時間は十分だけ。「収入が多ければ幸せ」という、二十年も縛り付けられてきたマインドセット(心の枠組み)が、たった十分の講義で解き放たれた。涙ぐんだ青年もいた。愉快で悲しい。

韓国の青少年の死因のダントツ一位は自殺……むごすぎる、と先に述べた。青少年の死因に占める自殺の比率が世界第一位は、今は日本だ（厚生労働省二〇一八年版自殺対策白書）。

タクサン働いて不幸せになる悪循環

支出が多いと、それを賄うために多くの収入が必要になる。高度経済成長時代なら収入はドンドン増えた。今は違う。多くの収入を稼ぐためにはタクサン働かなくてはならない。身も心も疲れ果てるので、休日は疲労回復に費やされる。自由時間は少なくなる一方だ。自由時間が減ると、自給率が減る。なんでもお金で買うことになる。食べるものはもちろん、着るものも遊ぶものも、子供の勉強だってお金で賄う。

貯金は貯まらない。ストレスは溜まる。健康も人間関係も悪くなる一方だ。やがてはお金を稼ぐことが人生の目的になり、お金を使うことが最大の趣味になる。これでは人格が低くなってしまう。まさに「タクサン働いて不幸せになる悪循環」だ。言葉を飾らずに言えば資本主義の罠に嵌ってしまう。

少なく働いて幸せになる好循環

タクサン働いて不幸せになるよりは、少なく働いて幸せになる方がいい……と僕は思う。そのためには、ライフスタイルを「悪循環」から「好循環」に切り替える。

支出を少なくすることが基本だが、それで不幸せになっては困る。幸せ度が上がるような支出の減らし方が必須だ。具体的な方法は後で述べる。支出が少なければ、収入は少なくてよい。少ない収入でよければ、愉しい仕事を選べる。時間も短くて済む。仕事の時間が短かければ、自由時間が増える。自由時間が増えれば自給率が上がる。自由時間というのは、物理的な時間だけではなく、身体も心も自由な時間のことだ。疲労やストレスが残っていたり、夫や姑に白い目で睨まれるのでは、自由時間とは言えない。

自給率が上がっても幸せ度が下がっては困る。幸せ度が上がる自給を目指していただきたい。だから、支出が大きく下がる順番に……ではなくて、幸せ度が上がる順番にやるのがいい。具体的な方法は後述する。

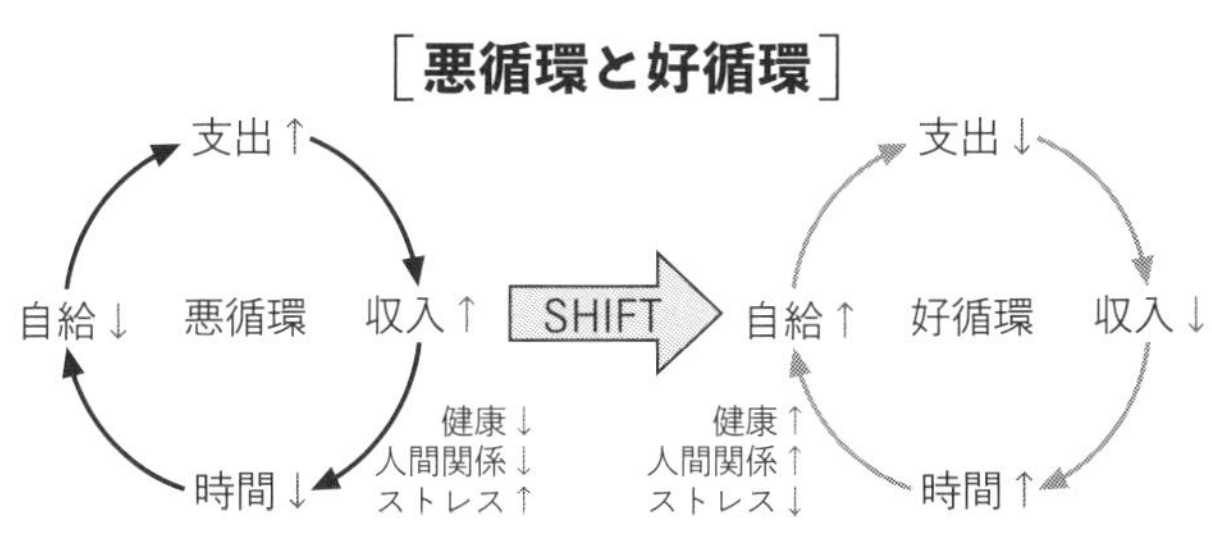

自給度が上がれば支出は減る。支出が減れば収入は少なくてもよくなる。そうすると仕事の時間とストレスを減らせるので、自由時間が増える。すると自給率が更に上がり、支出が減る。こういう循環が起きると。ストレスは減る一方、健康も人間関係も良くなる一方になる。つまり「少なく働いて幸せになる好循環」だ。

悪循環を好循環に変えるには、支出を減らすことから出発する。

一度に大きく減らすのではなく、少しずつ愉しく減らす。

消耗人生からの脱却

僕の弟子たちの三分の一くらいはサラリーマンだ。未だ組織から独立するには至っていない。組織に属していても、幸せならば、無理に独立することを僕は勧めない。しかし消耗人生に陥っている場合は別だ。朝から晩まで働きづくめで、通勤時間も長い。たまの休みは、疲労とストレスを回復するのに費やされる。技術の蓄積もできない。つまり、収入を得るために、身も心もすり減らしている。組織から独立しようにも、何の準備もできていない。まさに消耗人生だ。明るい未来は望めない。

そういう弟子には、迷わず転職を勧める。転職の条件は、①残業と休日出勤が無いこと、②通勤時間は片道三〇分以内であること、③給料は二割減らすこと……以上終わり。

「ちょっと待て！　仕事の遣り甲斐はどうなった？」「上司や同僚との人間関係はどうでもいいのか？」と問われるが「そんなことは、どうでもいい」と答えることにしている。遣り甲斐のある仕事で人間関係も好い……なんていう組織は稀だ。稀にあったとしても消耗人生では意味が無い。「なぜ給料を減らさなければいけないのか？」とも問われる。答えは簡単だ。残業・休日出勤が無くて通勤時間が往復一時間以内の組織は、同じ給料では見つからないからだ。給料を二割減らせば必ず見つかる。そもそも「なにかを得れば、何かを失う」という道理を分かっていないと、悪循環から抜け出すことは困難だ。

　残業と休日出勤が無く、通勤時間が往復で一時間以内ならば、仕事時間に匹敵する自由時間が得られる。疲労も少ないだろうから、本当の自由時間だ。本当の自由時間が長いから、愉しみながら自給ができる。転職してから一年後には、支出を10％減らすことは難しくない。転職してから一年後には、月３万円ビジネスを一つだけ完成させる。自由時間が長いから、仲間を増やしさえすれば、これも難しくはない。つまり、転職一年後には、支出が一割減って、収入が月三万円増える。給料が減った二割分は取り戻せる。そして、二年後には、支出を更に一割減らして、月３万円ビジネスをもう一つ完成させる。転職前に比べて、支出は二割減り、収入は六万円増える。転職前に比べると家計は格段に楽になっている。僕の弟子たちは、どんどん転職して好循環に切り替えている。つまり、消耗人生からの脱却に成功している。

悪循環を好循環に切り替えるには、このように、自由時間を増やすところから出発してもよいし、支出を減らすところから出発してもよい。自由時間があるならば、自給率を高めるところから出発してもいい。どこから出発してもいいから、悪循環を好循環に切り変える。

支出を減らすのは、本当にギリギリの生活をしている場合には難しい。特に、孤立して生活している場合には、難しい。先ずは仲間をつくって、次の章で述べるようなテクニックも使って支出を減らすのがよい。ギリギリの生活でないならば、愉しみながら支出を減らす。ドイツの支出ゼロプロジェクトの話を前に述べたが、愉しみながら支出を減らす。よいアイディアだ。ボロ布を素敵なドレスにアップサイクルするのを愉しめるならば、衣類の支出を愉しみながら減らせる。家計の支出項目を、A3サイズ以上の大きさの紙に大きい字で書き散らしてみるといい。イラストを描き散らせたら、もっといい。その中から、愉しく減らせそうなものを選んでみる。選ぶ作業自体を愉しくする工夫が大切だ。真剣はいいけど深刻はまずい。こんなことから出発すると、意外に支出は愉しく減らせる。

2 支出を減らす方法

不要なものは買わない

コンマリ、こと近藤麻理恵さんがアメリカで大人気だ。言わずと知れた片づけコンサルタントだ。「トキメクものだけ残す」とコンマリは説き、トキメキ探しを勧める。他のコンサルタントは「要らないものは捨てろ」と説教し、捨てられないと「努力が足りない」と叱る。コンマリが人気者になるのは当然だ。

コンマリの言う通りにやると本当に部屋は片付く。トキメクものは少ないからだ。トキメイタから買ったはずなのに、速やかにトキメカなくなる。まさに消費文明だ。世の中はトキメクものばかり。あの手この手でトキメカしてくれる。次々に買い続けて、次々に飽き続ける。部屋の中はトキメカナイものだらけだ。

トキメクのに買わないのは辛い。我慢すると不幸せになる。だから、買わないで幸せになるにはトキメカナイようにならなくてはいけない。トキメカナイようになる一つめのアイディアは、CMを絶つこと。民放TVは見ない。これは簡単だと思う。パソコンやスマホにCMを載せさせないようにする。これは少しテクニックが要るから、達人に手伝ってもらう。そして都会には行かない。都会に行くのを忘れるほどに毎日を愉しむ。

トキメカナイ文化の持ち主に自分を変えるという方法もある。例えば「シャネルを買うと自慢できる」という文化から「自分でつくったものを着ると自慢できる」という文化に変える。文化というのは、煎じ詰めれば、「どういう人たちと付き合うか」で決定される。だから、文化を変えたかったら、付き合う人を変える。「シャネルやグッチを着ていなければ生きている資格は無い」という文化の人たちと付き合えばシャネルを着たくなるが、「自分でつくったものを着るのが喜びで誇り」という文化の人たちと付き合うと、シャネルを着るのは恥ずかしくなる。

つまり、支出が好きな人との付き合いを減らして、何かをクリエイトするのが好きという人との付き合いにシフトする。もちろん、いやな人とは付き合わない。一般的には、支出が好きな人は見栄っぱりで我儘で意地悪な人が多いが、支出を減らすことが好きな人にはクリエイティブで優しい人が多いというのが僕の印象だ。支出を減らすことから出発しないで、いい人を探すことから出発する。いい人がやっていることを真似してみる。きっと、いい人が導いてくれる。結果として、そのことを好きになり、支出が減り、幸せ度が上がる。人格も高くなるかもしれない。

必要なものと交換する

僕の娘が里帰りしてくると、いろいろ売り払ってくれる。「これ要らないんでしょ！売ってあげるわね！」という感じだ。「ウーン」と躊躇(ちゅうちょ)している内に、スマホで写真を撮り、画面をチョイチョイと操作して「ハイ、終わり」。たった二分のハヤワザだ。やがて売れて、娘の口座に入金され、僕や妻の口座には入らない。

娘は、衣類も家具も雑貨も新品を買わない。スマホ上で、メルカリのようなフリマアプリを使って一般市民からの中古品をタダみたいに安く仕入れる。着てみたら似合わなかったり、着ている内に飽きてしまうと、上手に高い値段で売っている。普段はアメリカに住んでいるので、アメリカと日本のいろんなオンライン中古品マーケットをよく知っている。「このブランドのシャツはアメリカのあのマーケットで安く買える。日本のこのマーケットで高く売れる」というような技をよく知っているので、衣類にはお金をかけていない。あるシャツを買った相手と、同じシャツを売る相手は異なるが、これは広域の物々交換に他ならない。不必要なものと必要なものとが結果として交換されている。僕のような古い型の人間には、やや情緒不足のような気もするが、不必要なものを、お金をかけないで愉しく交換しているのだから、優等生だ。非電化工房住み込み弟子も、着るものはオンラインフリーマーケットで購入している。中古品を上手に購入すると自慢したり、他の弟子を羨ましがらせたりしている。

ドイツの支出ゼロプロジェクトの話を前に紹介した。オンラインではなく、直接に物々交換する。不必要なものと必要なものを交換するという点ではオンラインフリーマーケットと同じだが、直接の交換だから、モノとサービスの交換、サービスとサービスの交換が成り立つのでレパートリーが広がる。現金を介在しないし、等価交換の法則を無視するので、商談成立が容易だ。交換するものやサービスも持たない場合には、サービスを生み出すことも起きている。つまり、物々交換が仕事を生み出すことにも繋がっている。

中古品を愉しむ

スローパソコンをつくってみたことがある。二十年も前の話だ。パソコンというのは指先と目だけを酷使という不自然な身体の使い方をするから、長時間では健康に悪そうだ。青年なら問題無さそうだが、子供やお年寄りにも普及して行く勢いだから、何か考えておいた方がよさそうだと思った。

指や目から一番離れているのは足だから、足も動員させた方が健康にはいいかもしれない。足で発電して、その作業が不思議に気持よくて、結果として健康にも良くて、どこのメーカーのパソコンにもアタッチできて……。ついでに足マウスも付け加えた。手で動かす方が便利に決まっているのだが、「愉しくて健康にいいなら不便でもいい」というなら話は別だ。例えば銘木(めいぼく)でつくった木ボード(キーボードのダジャレ)を弟子の一人がつくってくれたが、文字を打つのを忘れるくらいにウットリした。パソコンの中身はといえば、低機能・低速度・低容量・低解像度の低づくし。部品はタダで手に入れた。

こういうコンセプトのパソコンを「スローパソコン」と名付けた。ソトコトという雑誌で記事になったら注文が殺到した。高機能・高速度・高容量・高解像度のパソコンが五万円で買えるのに。低機能・低速度・低容量・低解像度で販売予定価格二〇万円のスローパソコンに注文殺到……とても愉快だった。もちろん実際には販売しなかったけど。

新品には新機能が付加されていることが多い。その新機能をマスターするのはストレスになる場合が多い。しかも厄介なことには、更なる新機能を追い求める中毒症状に陥る危険もある。かってのパソコン、最近のスマホが典型例だ。一方、中古品には新機能が無いからストレスにならない。新機能を追い求めて買い替える必要もない。

新品の多くはマイコン制御という便利(?)なものがほとんどだ。例えばガスコンロ。マイコン制御で火力調節してくれる。消し忘れや空焚きも防止してくれるから、とても便利だ。しかし、マイコンが壊れると直せない。未だ使えるはずなのに買い替えなければならない。

中古品の多くはマイコンは搭載されていないものが多い。ガスコンロの例で言えば、コックが付いているだけだから、壊れない。壊れても直せる。空焚きや消し忘れに注意する本能（？）も衰えにくいから安全だ。五十年くらいは使える。

中古品の中には、操作の心地よさを追求したものが多い。だから作業が苦にならない。できの良い製品は作業が愉しみになる。長年使うことを前提としているので、デザインも落ち着いている。他の家具との調和もよい。

中古品を愉しむという癖をつけたい。中古品は安く買えて長持ちするから、支出が減る。その上に暮らしが丁寧になる。不思議なことに、買ったのと同じ値段で売れる。

リストアー

写真を見ていただきたい。一〇〇年前のＳＩＮＧＥＲ製足踏みミシンだ。足踏みミシンがＳＩＮＧＥＲ社によって開発されてから、ミシンは世界中に普及した。写真はその初期のモデルだ。足踏みミシンは現在はつくられていない。だから足踏みミシンが欲しければ中古品を求める。写真のモデルは稀少価値があるので、四万円くらいでボロのものを手に入れた。ブラザーのミシンなら一万円で手に入る。

ＳＩＮＧＥＲを自分でオーバーホールしてスムースに動くようにした。木部はアンティーク風に塗装し直した。金属部は錆を落とし、美しく塗装し直した。一〇〇年前のＳＩＮＧＥＲが蘇った。作業に要した時間は四時間だった。こういう風に、古い製品を美しく蘇らせることをリストアーと言う。ブラザーでもリストアーすれば五万円で売れる。

下の写真も見ていただきたい。英国ＳＰＯＮＧ製のコーヒーミルだ。この会社はコーヒーミルを世界で最初に売り出した会社だが、とっくの昔になくなっている。パイオニアだ

SINGERの足踏みミシン

SPONGのコーヒーミル

けあってスグレモノだ。挽き心地が素晴らしい。姿も美しい。オール鉄鋳物(てついもの)製だから一〇〇年は使える。僕の愛用品だ。

SPONGはアンティークマーケットでは数万円と高値で売買されている。高値なのは、新品のように美しいものの話で、ボロなら五〇〇〇円以下で手に入れられる。写真のSPONGは四〇〇〇円で手に入れて、僕がリストアーしたものだ。切れ味(挽き具合)もよくした。塗装も古びた美しさにした。SPONGは完全に蘇った。売れば数万円で売れる。リストアーに要した時間は一時間程度だった。

リストアーすれば、安く手に入れたボロが美しく蘇るものは多い。柱時計や家具や自転車や、農業機械や台皿秤(はかり)……などなど。昔の製品は長く使えるようにつくられている。手入れが悪いから短期間で使えなくなって埃を被っていただけのことだ。今の製品とはそもそもの素性が違う。王子様の訪れを待ち続けるお伽話のお姫様みたいだ。王子様になって(つまりリストアーして)お姫様を救い出してあげたい。

アンペアダウンを愉しむ

電力の契約電流を下げることをアンペアダウンと呼ぶ。一般に電力料金は基本料金と従量料金の足し算を請求される。例えば、60A(アンペア)で契約すると、基本料金は一七一六円。一ヶ月に３９０kWh（キロワット時）使ったとすると、従量料金は九九〇三円で、合計一万一六一九円という具合だ（東京電力従量電灯Ｂの場合）。電力料金の全国平均は、四人世帯の場合一万一二三九円だ（二〇一七年総務省統計）。つまり、四人世帯の場合、一ヶ月に３９０kWh、一日なら13kWhほどの電力を消費し、一ヶ月に一万一〇〇〇円ほどの電気代を支払っていることになる。

30Ａにアンペアダウンすれば何が起きるだろうか？　先ず基本料金が八五八円に下がるので、一ヶ月の電気代は八五八円安くなる。これだけには留まらない。30Ａで契約すると、約３kW以上の電力を同時に使用するとブレーカーが落ちるので、電気製品の使用を節約せざるを得ない。エアコン三台同時運転ではブレーカーが落ちるので二台同時までにする。電気ストーブを二台同時に使っている時にヘアードライヤーを使えばブレーカーが落ちるので、電気ストーブは強から弱に切り替える……といった具合だ。経験的に言えば、一ヶ月の電力消費量は３００kWh程度に下がる。従量料金は七一五二円となり、基本料金と合わせた電気代は八〇一〇円となって、先の平均値よりも三二二九円減った。年間にすれば四万円弱になるからかなりの支出減だ。

四人家族で30Ａにアンペアダウンというのは、楽にできると僕は思う。30Ａへのダウンを薦めて来て、家庭騒動が起きた例は無い。慣れない内は頻繁にブレーカーが落ちて、少しだけ揉めるが、やがては慣れる。「知らなかったからの無駄遣い」が最大の電力消費原因だからだ。知れば無駄遣いはしなくなる。

20Aまで一気にアンペアダウンというのは刺激的でおもしろい。今まで60Aで契約していたとすると、ブレーカーは更に頻繁に落ちる。家庭騒動が起きて元の60Aに戻した例も知っているが、家族で仲良く研究して、ブレーカーが落ちないようになった家族のことも知っている。電力代が半減した上に、家族の仲もよくなったそうだ。

60Aを40Aに……という無難なところから出発するもよし、一気に20Aと過激に行くもよし、ご自分の家族の実情に合わせて愉しんでいただきたい。愉しくなければ、支出が減っても不幸せになってしまう。

ブレーカーがあるし、アンペアダウンできるから電力の無駄遣いは減らせる。電力以外はブレーカーが無い。例えばトイレ用に一ヶ月に幾らの水道料金を払っているのかを、誰一人として知らない。一ヶ月に二五〇〇円と聞くと誰もが驚く（四人家族の場合。東京都）炊事用・飲料用・洗濯用・風呂用・トイレの水洗用・庭の放水用……全部ひっくるめて、二ヶ月分を銀行自動引き落としだから、だれもトイレ用に幾ら払っているかを知りようが無い。

電力以外にもブレーカーを設け、アンペアダウンするアイディアはないものだろうか？

しかもアンペアダウンが愉しくなくてはいけない。ぜひ考えていただきたい。愉しくする秘訣の一番は、自分でアイディアを出すことだ。人から言われてイヤイヤやるのが一番愉しくない。先ずは水道代くらいから初めてはどうだろうか。

家賃をタダにする

次頁の表を見ていただきたい。最近の都市部の支出内訳だ（総務省統計二〇一九年）。ただの平均値なので、数字を議論する意味は無い。問題は表の「？」の数字、つまり自分の支出内訳だ。一〇個のカテゴリーの中で、数字が大きいものに注目してもいいが、それよりは愉しく減らせそうなカテゴリーに注目して集中するのがいい。

例えば住宅に関わる費用に注目する。借家住まいの場合には、家賃をタダにすることを考えてみる。家賃をタダにする方法はイロイロある。僕の弟子たちがよくやっているのは大きなボロ家を安く借りる方法だ。例えば東京で４ＬＤＫの家を月十万円で借りる。「改造自由でシェアハウス自由」という条件を家主に承認してもらう。中途半端なボロでは家主は改造を嫌がるが、思い切りボロなら家主は了承する。

シェアハウスとか又貸しという言葉に拒絶反応を示すならば、家財道具預かり賃とでもして、家財の持ち主が見張りにくる……というようなことにでもしておく。思い切りボロ

	1人世帯（円／月）	2人以上世帯（円／月）	自分の世帯（円／月）
衣	12,020	10,417	?
食	43,536	81,340	?
住	21,503	24,478	?
水道光熱費	5,731	25,678	?
家具・家事用品	3,208	11,147	?
医療	5,592	14,515	?
交通・通信	23,536	42,456	?
教育	0	20,313	?
娯楽	11,156	12,646	?
社会保険	44,592	51,565	?

家計費の内訳（総務省統計2019）

屋で4LDKを月十万円は、東京でもやや高めの家賃に相当する。

このボロ家を大改造する。床も張り替える。壁も天井も張り替える。外壁も美しく塗装し直す。つまりリノベーションをセルフビルドで行う。ワークショップ形式にすると、技を修得したい若者が大勢集まる。リノベーションが済んだら、三部屋を一人四万円で貸す。キッチンや、トイレ・浴室は共用にするから、又貸しというよりはシェアハウスと言った方が正確だ。三人から四万円づつで十二万円の収入。大家さんには十万円の支払い。差し引き二万円余るので、水道光熱費や修繕費に充てる。これで住宅の支出はゼロになった。

家賃が十万円というのは東京の話。地方に行けば家賃はずっと安い。千葉県木更津市で家賃二万円で４ＬＤＫを借りてシェアハウスにしている弟子がいる。山口県柳井市で家賃一万円で４ＬＤＫを借りてシェアハウスにしている弟子もいる。

「そんな都合の好い物件があるはずが無い」と思うかもしれないが、その気になった弟子たちは、ちゃんと実現している。要は、その気になるかどうか、そしてセルフリノベーションできるかどうかだ。「セルフリノベーションの技術など持っていない」と思うかもしれない。ならば、技術を修得すればいい。難しくはない。それも億劫ならば、技術を持っている人を仲間に入れればいい。孤立していると弱いが、仲間がいれば強い。

例えば管理人を引き受ける替わりに家賃をタダにさせる。多くの場合、大家さんは複数の貸家を持っている。排水の詰まりなどのトラブルは大家さんの責任で、普通は業者に依頼するので多額を要する。排水の詰まりは、高圧洗浄機と特殊ホースさえ持っていれば解決できる。専門業者でも、それしかやらない。そういうようなトラブルシューティング技術を修得するのは難しくはない。つまり、管理人兼トラブルシューティング係を引き受けるので、大家さんにとっては家賃をタダにしても、お釣りがくる。

空き家率は年ごとに高くなって、二〇一八年には全国平均で14・0％に達した。都道府県別にみると、最も高いのは山梨県で21・3％で、和歌山20・3％、長野19・5％と続く。なんだか、住んでみたい県のランキングと一致しそうだ。そういう時代に僕たちは住んでいる。かっての高度経済成長時代の常識は捨てた方が得だと思う。家賃をタダにする方法は他にもある。みんなで一緒にアイディアを出していただきたい。

食費をタダにする

左のグラフを見ていただきたい。二人以上の勤労者世帯の一ヶ月の食費の内訳だ（総務省統計二〇一九年）。もちろん、全国平均の統計データに過ぎないから、中身を議論しても意味は無い。意味があるのは、表中の「？」の数字、つまり自分の家庭の食費の内訳だ。推定して空欄を埋めてみていただきたい。面倒と思う方は、自分の家庭のトータルの食費に全国平均の内訳%を掛け算して空欄を埋めてみていただきたい。それも面倒だと思う方は、全国平均の数字そのものが自分の家庭の食費内訳と思っていただきたい。差は有ると思うが、正確さよりも大事なこと（＝実際に支出を減らす行動）があるから、少々の誤差は問題にしない。

さて、トータルの食費をタダにする方法を考える。一つめのアイディアは「全部自給法」。十二項目のすべてを自給自足する。このアイディアの実現は実際には無理だと思う。きっと道半ばで自給が嫌いになる。辛いことは長続きしない。幸せが遠のいてしまう。

僕のお薦めは、「半分自給法」だ。先ず自分でつくってみたい順に一～十二まで番号をつける。次にトータルの半額になるまで、一番から数字を足していく。例えば、一番自給してみたいのが菓子で9%、次は酒で4%(大酒飲みなら15%?)。三番目にやってみたいのが果物で4%……という具合だ。三番まででではまだ17%にしかならないから、もっと先に行く。例えば七番目までで50%を超えたとする。その七項目を自給する。

「ちょっと待て、50%分の項目の支出をゼロにしても、トータルの支出は50%減るだけでは?」と思ったかもしれない。

	全国平均		自分平均
	円/月	%	円/月
外食	14,743	18	?
調理食品	10,699	13	?
野菜・海藻類	8,628	11	?
肉類	7,447	9	?
菓子類	7,289	9	?
穀類	6,535	8	?
魚介類	6,155	8	?
飲料	4,848	6	?
乳卵類	3,834	5	?
油脂・調味料	3,635	5	?
酒類	3,393	4	?
果物	3,253	4	?

食費の内訳(総務省統計 2019)

その通りだ。自給だけでは支出ゼロにはできない。そこで、自分の家族が食べる分の二倍つくって、半分は売ることにする。家族の人数分つくるのも倍つくるのも苦労はほとんど同じだから、二倍つくって半分売る。支出が半分減って、同じ額だけ収入が増えるから、差し引き勘定をすれば食費はゼロになる。

「そんな調子のよいことが出来るわ

けがない！」と思ったかもしれない。そんなことはない。僕の弟子たちは、ちゃんと実現している。例えば千葉県木更津市の前田敏之さん。お米づくりのワークショップを毎年開催している。参加者は月に四回の日曜日のワークショップに六ヶ月参加する。参加費は月に二〇〇〇円だ。田植えから稲刈りまで、技術を修得しながら米づくりに励む。やがて稲刈りをして収穫祭。収穫したコメの半分は前田さんの取り分で、あとの半分はワークショップ参加者に、出席日数に比例して配分される。

参加者は約十五人。前田さんは米の支出がゼロになると同時に、ワークショップ参加費が月三万円の収入になる。前田さんは、サツマイモも同じ方式で栽培して、ワークショップ参加者に喜ばれている。前田さんの仲間は増える一方だ。

自給自足だけでも愉しいが、つらいこともある。収入に繋げるようにすると、励みが出る。買う人に喜んで欲しいので、食品の質を高める工夫にも励む。仲間と一緒にやるようにすると、辛さが減って愉しさが増える。

水道代をタダにする

水道代の内訳は、調理・飲料が四分の一、風呂と洗濯とトイレの水洗がそれぞれ四分の一づつ。実際に支払う水道代（下水道料金を含む）は、月に五一七八円。二人以上世帯の全国平均だ（総務省統計二〇一六年）。市町村によって差があり、山形市は七五六六円、徳島市は三七一二円だそうだ。いずれにしても水道代は馬鹿にならない支出だ。これから値上げが確実視されているから、水道代をタダにすることは意味が大きい。

水道代をタダにするアイディアはたくさんある。先ず一番目のアイディアは自分で井戸を掘ること。普通は専門業者に頼んで井戸を掘る。専門業者に頼めば確実だが、お金が掛かる。深さによって異なるが、大雑把に言えば百万円ほどかかる。更に給水タンク、給水ポンプ等の工事費が数十万円掛かる。一ヶ月の水道代が五〇〇〇円とすると、井戸掘りの総工事費の元を取るには二十五年ほどかかる計算になる。これではタダとは言えない。

自分で井戸を掘り、自分で給水工事までしてしまえば、総額十万円程度で済む。これなら二年足らずで工事費の元が取れるから、タダになると言ってもよさそうだ。自分で井戸を安く掘る方法については後述する。

井戸を掘らないでも、雨水を有効に使えば水道代をタダにできる。雨水をトイレの水洗に使う「雨水トイレ」について詳しく後述するが、これだと、トイレ用の水の80％程度を賄うことができる。

屋根に降る雨水の量は一世帯当たり一年間に約２００㎥（東京都、二〇一六年）。一方、水道水の平均使用量は年に約２５０㎥（東京都、二〇一六年）だから、屋根に降る雨水を全部有効に使っても、水道使用量の80％程度にしかならない。しかし、雨水を飲料や炊事用と風呂用に使い、風呂の排水を洗濯に、洗濯と炊事の排水をトイレに使えば、雨水で全部賄える計算になる。こういう水の利用方法をカスケード式と呼ぶ。カスケード式にすれば、水道代はタダになる。但し、飲料と炊事用に雨水を直接使うわけにはゆかない。雨水には、大気の汚れや雑菌が混じっているからだ。浄化装置の追加が必要になる。僕がアフリカの小学校などに教えて上げた方法は、簡単だ。コンクリートでつくった蓋つきのタンクに雨水を溜める。日本の水道で使われる次亜塩素酸ソーダを2ppm程度混ぜる。蛇口との間に活性炭を充填したガラス瓶を設置し、次亜塩素酸ソーダを吸着して、飲み水には混ざらないようにする。活性炭は定期的に熱湯消毒する。お金はほとんど掛からないので、とても喜ばれた。

ダグラス・ファーという友人が長野県の駒ケ根の中腹に住んでいる。住まいは自分で建てたツリーハウスだ。水はすべて雨水を循環利用している。循環するから、前述のカスケード利用よりも、更に水量は少なくてよい。屋根に降る雨水だけで、炊事・飲料・洗濯・風呂・トイレのすべてを賄うことができる。循環の過程で水を浄化する必要がある。ダグラス・ファーは自家発電の専門技術者であると同時に、土づくりの家やバイオフィルターの専門技術者でもあるから、バイオフィルターで水を浄化している。バイオフィルターというのは、微生物の力で水を浄化する技術だ。とてもエレガントな技術だ。

逆浸透膜式浄水器を使えば、洗濯の排水や尿を飲み水にできるので、完全に近い循環が可能になる。しかし、膜やプレフィルターを定期的に交換するために、タダにはならない。

風呂代と暖房代をタダにする

家庭のエネルギー消費量の半分以上は風呂と暖房だ。両方合わせると、54%になる（資源エネルギー庁実態調査、二〇〇九年）。但し、車の燃料を除けばだ。風呂と暖房のエネルギーコストを半減あるいはタダにできれば、支出を大幅に減らせるばかりではなく、環境持続性改善の効果も大きい。

風呂と暖房のエネルギーコストをタダにする

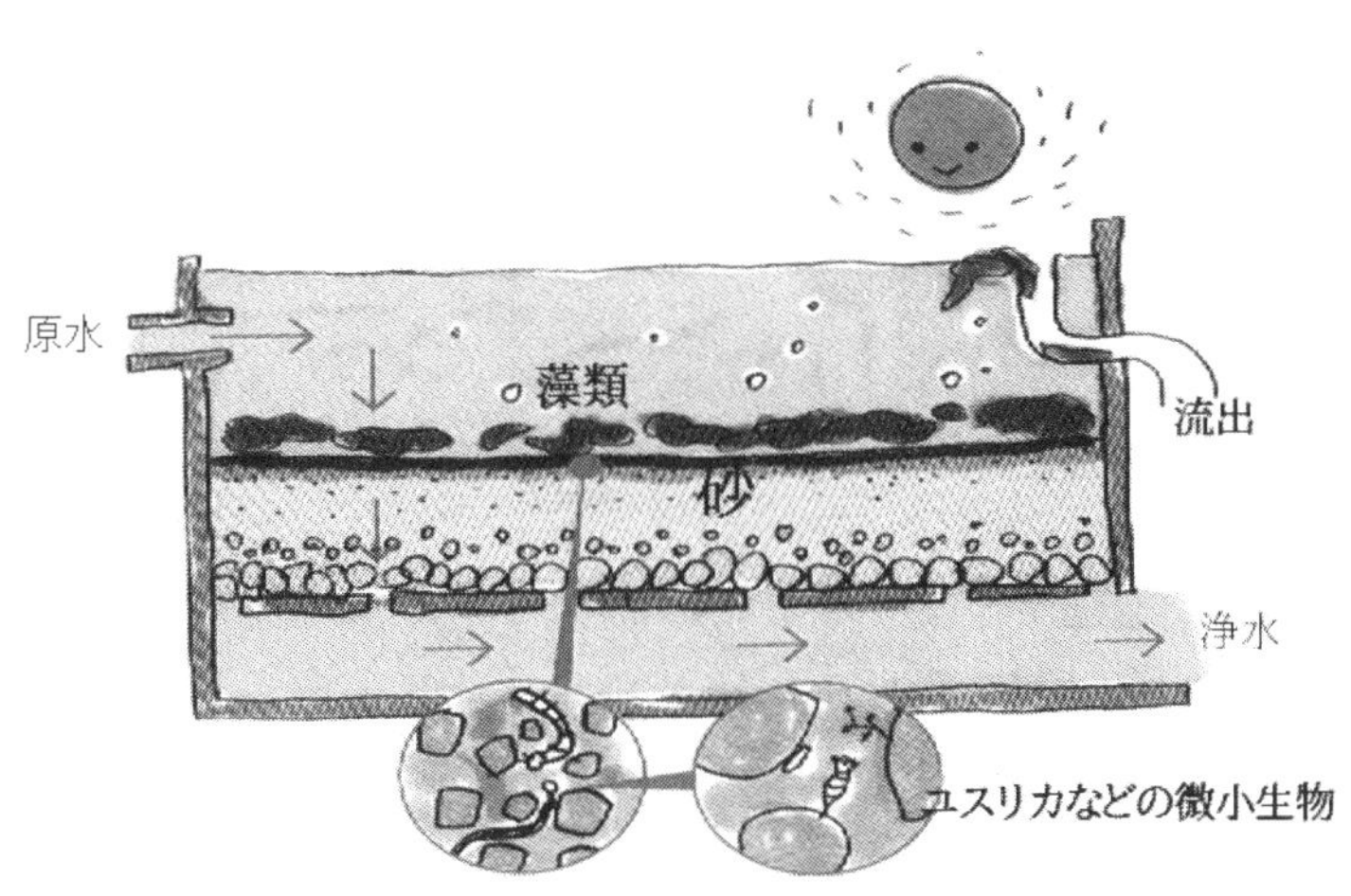

バイオフィルターの原理

方法はたくさんある。主な方法を列挙してみると

①太陽熱温水器で風呂を沸かす
②太陽熱温水器で暖房
③薪ストーブで暖房
④薪で五右衛門風呂を沸かす
⑤薪で床暖房（ロケットストーブ利用）
⑥ウッドボイラーで暖房と風呂
⑦パッシブソーラーハウスで暖房
⑧太陽熱温風器で暖房
⑨自作のメタンガスで暖房・給湯
⑩灯油バーナーを使って、天婦羅油の廃油を燃焼させる

いずれの方法も、自分でつくる部分が少ないと、支出は減らない。例えば薪ストーブで暖房する。ストーブ本体は国産の安価なものが手に入るようになったが、煙突工事は高い。自分で工事すれば一〜二万円でできる煙突工事を専門業者に頼むと数十万円になる。薪を自分でつくればタダだが、出来上がった薪をホームセンターで購入すると一束が七〇〇円。

石油ストーブで暖房する場合の倍の燃料費になる。

例えば、太陽熱温水器。太陽の光を吸収して水をお湯にする。電気は要らない。操作は蛇口を捻るだけ。シンプルで効率が良い。世界一風呂好きと言われる日本にはピッタリの製品だ。だから、かっては世界普及率12・8％（総務省統計、一九八八年）と、世界一の太陽熱温水器王国だった。今は3.4％（同、二〇一四年）まで下がっている。下がった理由の第一は、カッコワルイからだそうだ。あと十年は使える太陽熱温水器を、撤去費用数万円を支払って捨てている。太陽光発電ならカッコイイのだそうだ。

だから、太陽熱温水器が中古市場に出回っている。二万円も出せば立派な温水器を手に入れられる。これを屋根の上に設置しようとすると、専門業者に依頼することになるが、十万円以上の費用を請求される。屋根の上ではなくて地上なら、自分で簡単に設置できる。浴室の水道蛇口と温水器を二本のホースで繋ぐ。たったこれだけのことだ。もちろん、日中に陽があたっている場所がある場合に限られるが。

以上は太陽熱温水器の話。他の技術アイディアについても同様だ。工夫して手を加えれば、支出はタダに近づく。詳細は省くが、ぜひチャレンジしていただきたい。

冷房代をタダにする

冷房しなくても心地よい家をつくることを基本に据えておきたい。非電化工房の敷地内には二十軒ほどの建物が立っている。カフェもセミナー室も、宿泊棟もクーラーはついていない。ただし、電気扇風機だけは使う。暑い夏も心地よく過ごせている。「那須は涼しい所だからだろう」と思われるかもしれないが、そんなことはない。那須に移住する前は神奈川県の逗子市と葉山町で三十五年間暮らしていたが、クーラーを使ったことは無い。工夫して建築し、工夫して生活すれば、クーラーは無くても心地よい生活はできる。具体的な方法は後でいろいろ紹介する。

しかし、現実的には、建物はすでに建っている。クーラーが無いと死にそうなくらい暑い建物だ。この五十年間の間、クーラーがあることを前提とした建物ばかりが建てられてきた。電力を惜しみなく使って快適さを満喫してきた。高度経済成長の実態だ。

しかし、これから家を建てる場合には、クーラーが無くても涼しい家を目指していただきたい。具体的な方法は後述する。化学物質過敏症や電磁波過敏症の人でも心地よく住める家、子供がアレルギーにならないような家をもついでに目指していただきたい。そういう家を自分達で安くつくる。専門家に頼むとできない上にお金がかかる。専門家の多くは、高度経済成長の五十年の間、電気とケミカルに頼る技術のみを磨いてきたからだ。

そうは言っても、自分で家を建てるのはうんと先だ……という場合に、冷房代をタダにする方法はあるのだろうか？　クーラーが無いと暑くて死にそうな家で冷房代をタダにする。かなりの難題だ。難題だが、答えは有る。例えば井戸を掘る。土地にスペースがある場合に限られるが、戸建住宅なら可能だ。井戸をタダみたいに安く掘る方法については後述する。井戸水は夏でも涼しい。地下の温度は年中一定だからだ。大体の温度は15℃前後だ。この水を家の中に引き込み、ラジエーターやファンコイルユニットの中を通して、また井戸に戻す。クーラーの場合にはフロンガスのような冷媒を通すのだが、冷媒に比べると井戸水の温度は高いので、ラジエーターやファンコイルユニットの面積は大きくするが、室温に比べれば10℃以上低いので、部屋は十分に冷える。汲み上げるのに電動ポンプを使うが、元の井戸に閉回路で戻すから、ポンプの電気代は極く僅かだ。つまり、冷房代をタダにできる。

土地に余裕があればの話だが、夏用の家を付け足す……というアイディアもある。後述するウズベキスタン方式だ。夏だけ使う家を初めからつくるのだから、クーラーが無くても涼しい家をつくる。南側に窓……などもっての他だ。屋根がチンチンに熱くなる……なんて勿体ないことはしない。天井が高く、涼しい風が通り抜けるようにする。夏用の家に限れば、クーラーを使わないで涼しい家を実現することは容易だ。

車の燃料代をタダにする

車を持たなければ、燃料代は要らない。環境も悪くならない。なにしろ、炭酸ガスの四分の一は車から排出されているのだから。理想は車ゼロ社会だ。

しかし、都会は公共交通機関が発達しているから可能だろうが、地方では、車が無いと生きて行けない。そういう車社会を僕たちはつくってしまった。これが現実だ。因みに一人当たりの常用車保有率が最も低いのは東京で、〇・二三台。最も高いのは群馬県の〇・七九台だ（自動車検査登録協会二〇一七年）。だから「車をもたなければいい」というシンプルなアイディアは地方では非現実的だ。「オンデマンドバスがあるじゃないか！」と、言いたいところだが、現実的ではなさそうだ。僕が住む那須町にも、町営のオンデマンドバスが存在するが、利用できるのは三便だけ。一日三便ではなくて、週三便だ。

車が無くても豊かに暮らせる社会を目指したいところだが、現実には自動運転に代表される「高齢者でも安全に運転できる車」の開発の話ばかりしか聞こえてこない。

愚痴はさておき、車を保有しなくても、車を利用する方法はある。例えばカーシェアリング。二十年前までは、複数の家庭で車を共有するカーシェアリングが主だったが、税金や保険、車検など手間が煩雑すぎる。最近はタイムズ24などの企業が運営するカーシェアリングが主流だ。東京で利用したことがあるが、本当に便利だ。レンタカーよりも便利で遥かに安上がりだ。しかし、これも都会に限られた便利さだ。

地方で、車を所有しても燃料代をタダにする方法は無いだろうか？　一つある。後で詳しく述べるSVO車だ。ディーゼルエンジン車を選び、燃料として天婦羅油の廃油を使う。自宅で出る廃油だけで足りなければ、友人から貰う。友人宅だけでは足りなければ蕎麦屋から分けてもらう。それでも足りない時だけは軽油を使う。

燃料代をタダにする方法は他にもある。運転が苦手な人や、車を保有したくない人の運転代行をしてあげる。自分の月間走行距離程度の距離に留める。そして実際に使った燃料代の二倍の金額を「燃料代＋運転代行費」として頂く。結果としては、自分用の燃料代と同じくらいの運転代行費が入るので、実質的には燃料代はタダになる。ただし暇なときだけ頼まれてあげる。そうしないと、運転代行業というビジネスモデルになってしまうから、もっと高いお金を頂くことになり、喜ばれなくなる。愉しさも減る。

「頭で考えただけのアイディアだろう！」と思うかもしれないが、そうではない。韓国の僕の弟子たちは、実際にやっている。車を運転できない高齢者や障害者、車を保有したくない人たちからは喜ばれて、自分の燃料代はタダになっている。どうしてこういうことができるかというと、彼らは緩やかなコミュニティを形成しているからだ。環境持続性を保つこと、支出を少なくすること、仲良く協力し合うこと……という意識をそのコミュニティでは共有している。

いつも同じような結論で恐縮だが、一人ひとりが孤立していては技術だけが頼みの綱になる。できることは限られる。仲間がいれば、できることはたくさんある。「仲間がいて、技術も加わる」……こういうスタイルが一番いいと僕は思う。

仲間がいれば支出は減らせる

仲間がいれば、車の燃料代をタダにするのも容易だ……前項で述べた。車に限ったことではない。電力も、水も、家も食料も、……すべて同じことだ。孤立していては困難なことが、仲間と一緒にやれば容易になる。仲間の中に一人だけ技術を知っている人がいればいい。一人でやろうとすると、あらゆる技術を一人で習得しなければならない。技術を持っていたとしても、一人では愉しくない。愉しくないことは続かない。

技術も無いし仲間もいない……そういう場合でも、できないことはない。例えば米づくり。自分で稲作をやれば米代はタダになる。しかし稲作はやったことが無い。そういう場合に、僕の弟子たちは、稲作が得意な年寄りを講師に呼んできて、ワークショップ形式で稲作をやる。一人当たり月に二〜三〇〇〇〇円の会費をいただく。講師役のお年寄りには月に五〇〇〇円程度の講師料を渡す。暇を持て余しているお年寄りは知識を活かせるし、参加者からの尊敬も得られる。その上お小遣いも入る。嬉しいはずだ。三年もすれば稲作技術を修得できるから、四年目からは、自分が講師役も引き受ける。

技術が無いと劣等意識が生じ、引っ込み思案に陥る。だから、技術を持たない人同士には共感が生まれる可能性がある。そういう仲間同士でサークルをつくり、講師を一人だけ招く。劣等意識は消えて仲間意識が芽生える。

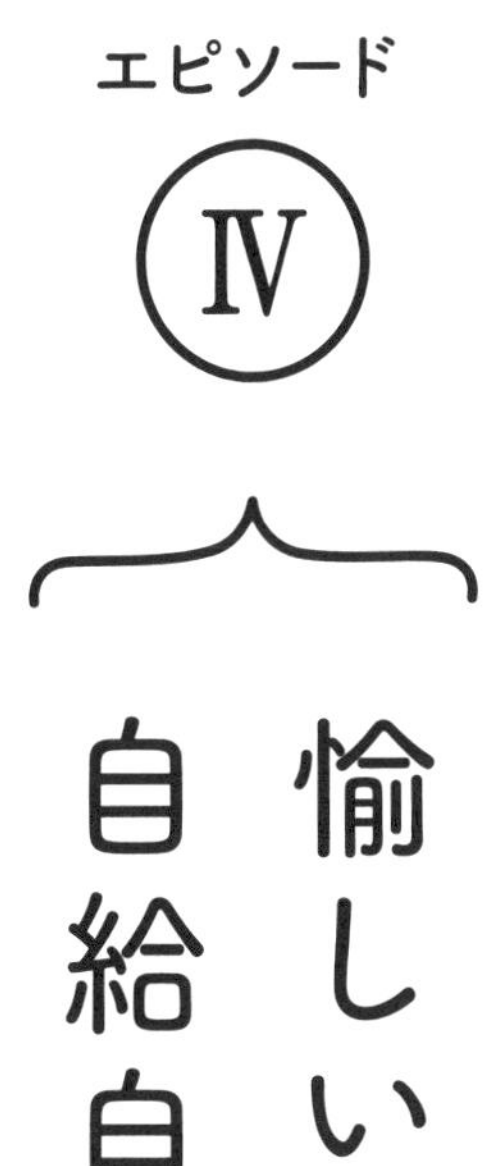

エピソード Ⅳ

愉しい自給自足

1 自給自足の考え方

愉しい自給自足

タノシイことは、お金さえ払えば工業製品や娯楽施設という形で、限りなく提供してくれる。だから、お金を払ってタノシイことを興奮して買い求める。そういう時代が長く続いた。しかし、興奮は冷めた。冷めてみると、工業製品や娯楽施設は人工的で、不健康で、過度に刺激的で、次から次にお金を注ぎ込まされ続けることに気が付き始めた。そういう人が増えている。

だからといって、買うのをやめて自分でつくろう……という方向には動かない。自分でつくらなくなってから久しい。つくり方は忘れた。最初からつくり方を知らない世代も増えた。その上、自給自足には、3K（キタナイ・キツイ・キケン）の印象がつきまとう。

実は3Kという言葉を知らない世代の方が圧倒的に多い。日本は成熟社会に移行してから久しい。3Kは誰もが嫌う。美味しいこと、オシャレなこと、健康的なこと……つまり愉しいことが大好きだ。

だから、愉しい自給自足がいい。それならば、多くの人が喜んで参加してくれそうだ。

オモシロオカシイという意味の「楽しい」ではなくて、人間性豊かな、そして知性も伴った「愉しい」の方がよさそうだ。

自然の恵みで生きる

ガイアシンフォニーというオムニバスのドキュメンタリー映画はよく知られている。僕もファンの一人だ。監督の龍村仁さんご一家が非電化工房にお見えになったことがある。その時に「自然の恵みで生きる感性を何よりも大事にしているのだが、都会ではその感性を殺さないと生きて行けない。そうしている内に、その感性そのものが消え失せてしまいそうな恐怖を感じるようになったので、長野県に移住した」とおっしゃっていたのを聞いた記憶がある。

僕もそう思う。自然の恵みで生きる感性は、人や自然への優しさをも育む。人間性のなかでも最も大切にしたいことの一つだ。だから、自給自足は、自然の恵みで生きる感性を育み、自然の恵みで生きる喜びを実感できるやり方がいいと思う。

例えば栗の木を一本だけ育てる。育てるといっても苗木を植えるだけであとは何もしないでいい。本当はした方がいいこともあるのだが、しないでも育つ。秋には実が鈴なりになる。拾いたての栗と餅米でつくった栗ご飯は自然の恵みそのものだ。

オシャレな自給自足

イタリアの田舎町を歩くと、素朴なカフェがある。ドアには青や赤のペンキがサッと一筆……という感じでさりげなく塗られている。まるで名作映画の一コマのようにキマッテいる。どこの天才が……と思って店主に聞いてみると「オレ」と気がなさそうに返事する。オシャレだ。

非電化工房ではペーターという名前の山羊と一緒に暮らしている。ペーターの小屋はアースバッグハウスだ。土を詰めこんだ土嚢袋を重ねてドームをつくる。表面には漆喰を塗り、ドアは緑色にした。オレンジ色のペンキも一筆加えた。イタリア人の真似だ。非電化工房への来客の多くは「山羊を飼いたくなった」と言う。ペーターの魅力だけではなくて、小屋のオシャレの効果が大きいと僕たちは思っている。

オシャレというのは、金をかけて着飾ることではない。生活を美しくして自分と人の気分を愉しくすることだ。愉しくないことは長続きしない。幸せからも遠くなる。

自給自足もオシャレなのがいい。自分たちも愉しくなるし、多くの人が仲間入りしたくなる。だから、美しければいい……というオシャレではなくて、自分たちが愉しくなり、かつ、多くの人が仲間になりたくなるようなオシャレを目指す。

美味しい自給自足

愉しさの一番は美味しいこと……と前に述べた。自給自足を愉しくする上でも一番は美味しいことだと、僕は思う。

僕たちが住んでいる北関東では、ジャガイモは「きたあかり」が断然美味しい。有名な男爵やメイクイーンとは比べ物にならない美味しさだ。掘りたてのジャガイモを茹(ゆ)でて、バターと塩で食べる。生きている喜びを感じる美味しさだ。美味しさにもいろいろあるが、この生きている喜びを実感できる美味しさが一番だ。幸せな気分になる美味しさが二番で、嬉しくなる美味しさが三番……と、自称美味しさ評論家は思う。

四番目の美味しさは、友情が深まる美味しさ。例えば、生産に汗を流した後に、石窯(いしがま)で焼きたてのピザを食べる。ビールが添えられると申し分ない。友情が深まる美味しさだ。石窯をつくるのは、難しくはない。耐火煉瓦(れんが)を積めばできてしまう。

ソーラーフードドライヤーをつくって、ドライフードを愉しむのも捨てがたい。タンドールをつくって、焼きたてのナンを手作りのスパイスカレーと一緒に食べるのもいい。美味しさを自給自足の中心に据えると、誰もが自給自足を好きになる。

支出を少なくする自給自足

キュウリを栽培する。畑を耕しておき、苗を買ってきて植え、ネットと支柱を買ってきて立てる。肥料を買ってきて週に一回くらいは追肥をする。乾燥に弱いので、藁(わら)を買ってきて敷き藁をし、毎日水やりをする。子蔓(こづる)と親蔓を摘芯する。これだけで、キュウリは豊作になる。慣れれば簡単だ。

問題はコスト。苗は六株で一五六〇円。ネット一七六円、支柱二五〇〇円、肥料は鶏糞を選ぶとして約三〇〇円、藁が二〇〇〇円。しめて約五〇〇〇円。支柱やネットは翌年も使うとして二で割るとトータルで約三五〇〇円。ホームセンターの相場だ。

家庭菜園では一株当たり三〇本のキュウリを収穫できれば褒められる。六株だと一八〇本のキュウリを収穫できる。これをスーパーで購入すると四~七〇〇〇円くらいだろう。出来が悪いと一株当たり一五本くらいしか収穫できない。六株で九〇本。スーパーで買ってくると、高くても三五〇〇円。つまり、コストと同額だ。

もちろん、自分で栽培したキュウリは格別だ。農薬の心配も要らないし、栄養もよさそうだ。栽培の愉しさもある。だから、スーパーで買ってきたキュウリよりも割高になったからといってガッカリする必要は無い。

しかし、これでは愉しみは増えたかもしれないが、支出は減らない。自給自足というよりは趣味の農業に留まる。自給自足と言うからには、愉しいだけではなくて支出も減らしたい。スーパーで買ってくる場合に比べてコストは小さくしたい。

非電化工房の基準では、スーパーから買ってくる価格の10%以下にコストを抑える。右のキュウリの場合はコストを三五〇円以下にする。そのための工夫が要る。最初の年は30%以下くらいからスタートして、五年後には10%以下に抑えられるように工夫する……くらいが愉しい範囲のような気がする。無理はし過ぎない方がいい。腰痛になる。自給が嫌いになる。夫婦仲も悪くなる。

農業に限らず、建築のセルフビルドも、エネルギー自給も、食品加工も、すべてこういうふうに考えたい。もちろんコストを抑えるだけでは困る。愉しく、オシャレで、その上にコストも安い。そんな自給自足を目指していただきたい。具体的な方法は後述する。

みんなでやる自給自足

土壁の家をセルフビルドで建てるとする。土を塗るために木舞(こまい)と呼ばれる竹格子を組む。竹藪から竹を切り出して格子状に組み上げる。十畳くらいの小さな家でも、一人でやると二週間はかかる。単純作業だが、一人でやると辛い。次には土を練る。稲藁(わら)を切って混ぜる。重労働だ。一人でやると本当に辛い。そして土を塗る。鏝(こて)台に載せた土を鏝で塗っていく。一人でやると十畳くらいの小さな家でも四週間はかかる。途中で逃げ出したくなるくらいに辛い。オット、まだ漆喰(しっくい)塗りが残っていた。

不思議な話だが、みんなでやれば愉しい。竹の切り出しも、竹の格子組みも、愉しい。土練りだって愉しい。土塗りに至っては、これほど愉しい作業を他に知らない。参加者全員が仲良しになる。思い出だってできる。

建築に限ったことではない。農業も食品加工も工芸も……ナンダッテカンダッテ、みんなでやると愉しい。だから、自給自足は自分独りでやるものではない。夫婦二人だけでやるものでもない。夫婦仲がきっと悪くなる。自給自足はみんなで愉しくやる。それがいいと僕は思う。

食べもの・住まい・エネルギー

自給自足＝穀物・野菜栽培……という印象が強い。だが、それは昔の話だ。家や土地は先祖伝来。光熱費も娯楽費も教育費も不要。食べ物さえつくれば生きて行ける……そういう時代の話だ。今は違う。食べ物だけでは生きていけない。

エンゲル係数という指標がある。家計の全支出に占める食費の割合のことだ。江戸時代には庶民のエンゲル係数は90％を超えていたと聞くが、根拠は不明だ。一九四八年の日本人の平均値は、二人以上の世帯で67%、二〇〇五年には23%までさがっている（総務省統計局による）。

つまり、食費を半分にしても支出は10%ほどしか下がらない。支出を少なくするためには、他の支出も下げなくてはいけない。住宅費、水道光熱費、医療介護費、衣服寝具費、教育費、娯楽費、交通費、通信費、家具家事用品費までを含めた十のカテゴリー。そこに社会保険・税金が加わる。

だから、自給自足は「食べ物・住まい・エネルギーと水」の三つのカテゴリーをカバーした方がいい。これら三つのカテゴリーは自給自足がやりやすい上に支出を減らす効果が大きい。三つとも愉しくなければいけないのは勿論のことだ。

多様性と循環性を愉しむ

地球環境持続性が瀕死（ひんし）の重体だ。持続性がここまで深刻になったことはかって無い。「環境持続性を守るためには、多様性と循環性を守ればいい」。繰り返し聞かされた言葉だ。みなが知っているし、みなが信じている。僕も本当にそうだと信じている。

ならば、みなが多様性と循環性を守っているのだろうか？　多様性と循環性を基本に据えた社会システムになっているのだろうか？　思い切って乱暴に言えば、答えは「ノー」

だ。多様性と循環性はお題目に近い。

例えば種子。世界の種子の売り上げの74・5％がモンサント（現バイエル）の種子だ（Access to Seeds 2017）。遺伝子操作で悪名高い（？）モンサントの種子だけで世界の70％以上を占めるのは異常だ。多様性もヘッタクレもない。ここまで多様性を損なって、どういう結果が導かれるのか、考えると空恐ろしい。

二〇一八年にカナダで開かれたG7。使い捨てプラスチックの削減目標を掲げる「海洋プラスチック憲章」をカナダが提案した。この提案に、一人当たりの使い捨てプラスチックごみ発生量が世界一位と二位の米国と日本だけが署名しなかった（国連環境計画二〇一七）。

日本人一人当たりのペットボトル年間生産本数は約一九〇本（PETボトルリサイクル推進協議会二〇一七年）で、〇四年の一・五四倍だ。一年間に国内で生産されるペットボトルを縦に並べると五〇六万キロになり、地球を一九二周する（日刊経済通信社報告）と聞くと背筋が寒い。

なんで多様性と循環性はお題目に留まっているのだろうか？　理由の一つは、実感がわかないこと。理由のもう一つは、義務感に満ちているので、なるべく目を背けたいこと。もちろん最大の理由は経済第一主義の国だからだろう。

僕たちは、地球環境の持続性を何としてでも守りたい。そのためには多様性と循環性を社会システムとライフスタイルの基本に据えたい。だから、自給自足も「多様性と循環性」を基本に据えたい。

しかし、実感がわかず、義務感に満ちた「多様性と循環性」では実行は覚束ない。ならば「多様性と循環性を愉しむ」というのはどうだろうか？　実は、多様性と循環性の中に自らが位置付けられていることを発見すると、とても愉しい。感動的と言ってもよいくらいに愉しい。具体的な方法は後述する。ぜひ、感動的な愉しさを味わっていただきたい。

収入が増える自給自足

自給率を上げると支出が減る。これは当然のことだ。ところが意外なことに、自給率を上げると、収入が同時に増える。不思議とお思いだろうが、本当のことだ。マジックの種は前述の「技術と仕事の融合」だ。自給の技術はすべてと言っていいくらいに、スモールビジネスに繋がる。だから収入が増える。エピソードⅢで述べたとおりだ。

2 循環型ライフを愉しむ

鶏と暮らす

左ページの写真を見ていただきたい。非電化工房で一緒に暮らしている鶏だ。八羽飼っているが、一日に二回くらい、揃って母屋を訪問してくる。日中は敷地内を歩き回って食べ物を探したり砂浴びをしている。夕方になると連れだって鶏小屋に帰る。ムックという名前の犬が敷地内で吠えまくっているので、野犬やイタチは敷地内に入ってこない。

この鶏たちは毎日一個づつ卵を産んでくれる。一年三六五日、毎日だ。鶏を飼ったことのある人たちはみな「嘘だろう！」と言う。鶏は年に七ヶ月くらいしか卵を産まないのが普通だからだ。嘘ではない。どうしてだか分からないのだけど、本当に一年中卵を産んでくれる。しかも美味しい卵だ。

一日中自由に歩き回っているので、スト

放し飼いの鶏

レスが無いからかもしれない。あるいは、パッシブソーラーハウスの鶏小屋のせいかもしれない。パッシブソーラーハウスというのは、電力などの動力や燃料を使わずに、自然の原理だけで夏涼しく、冬温かい家のことだ。鶏だって、夏に涼しく冬温かい方が好きなのだろうと思って、この小屋をつくった。本当に夏は涼しく冬は温かい。

パッシブソーラーハウスの鶏小屋

設計図をつけておくので、つくってみてほしい。二階建の木造住宅だ。骨組みは2×4材だけでつくる。壁や床は合板を使う。断熱材は籾殻（もみがら）を詰めた。米を自作するので籾殻はタダだ。米をつくっていなくても、田舎なら籾殻をタダでもらえる。

鶏たちの食べ物は、僕たちの残飯や敷地内の野草やミミズだ。産んだばかりの卵を見ていると「神秘だな！」と、いつも感心する。僕たちは、もっと立派なものを食べているのに、汚い糞をするだけだ。鶏たちは残飯を食べて、立派な卵を毎日産む。

鶏の糞もすごい。僕たちは有機農業をやってい

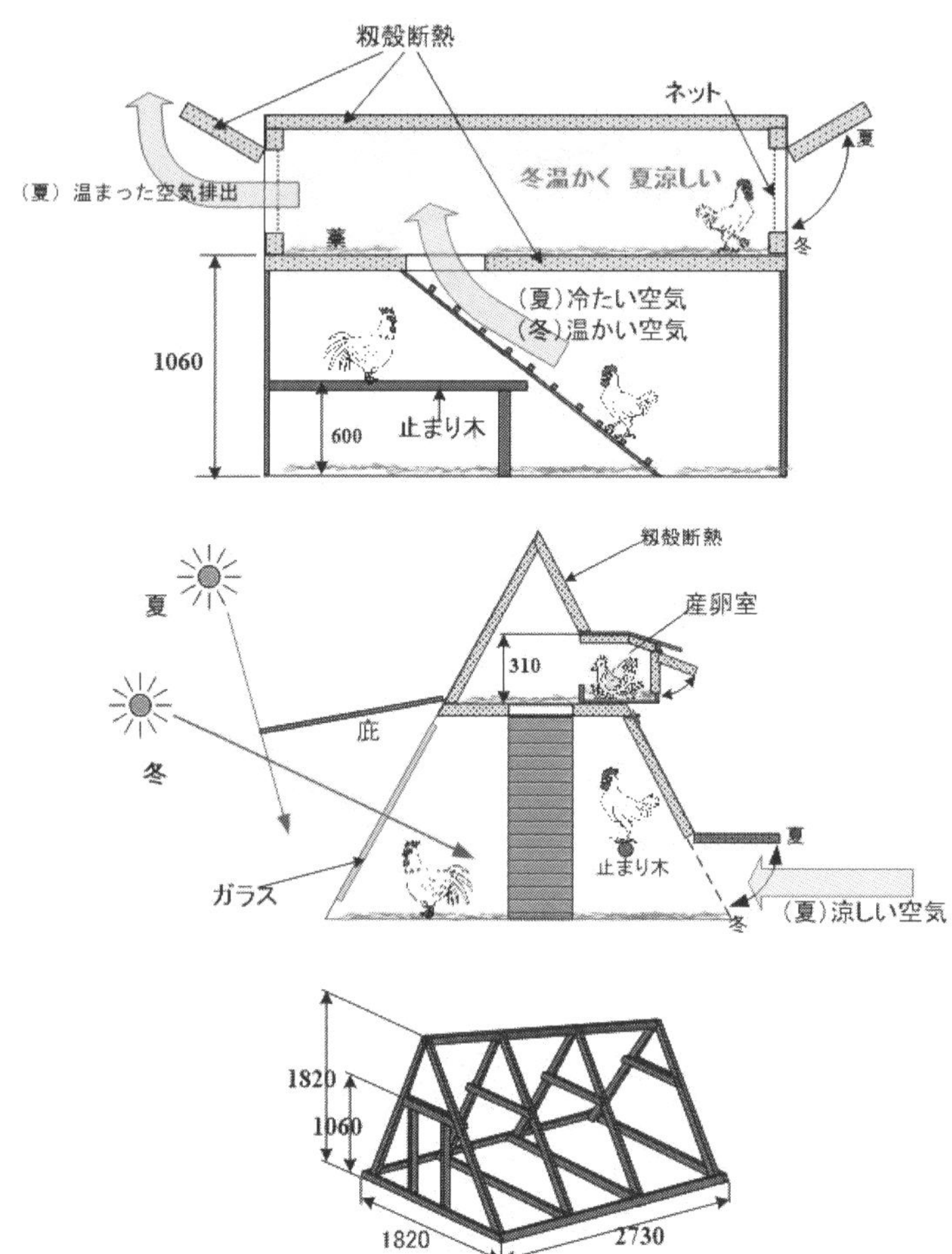
籾殻断熱
ネット
(夏) 温まった空気排出
冬温かく 夏涼しい
夏
冬
藁
(夏)冷たい空気
(冬)温かい空気
1060
止まり木
600
籾殻断熱
夏
産卵室
310
庇
冬
止まり木
夏
ガラス
(夏)涼しい空気
冬
1820
1060
1820
2730

鶏小屋の構造

るので有機肥料（堆肥）づくりに手がかかる。堆肥は栄養分が1％程度と希薄なので、大量につくらなければならない。鶏糞は栄養分が10％くらいあってスゴイ。僕たちは鶏糞をリスペクトしている。多様性と循環性を愉しむには、鶏と暮らすのが一番だと僕は思う。

ミツバチと暮らす

僕たちの養蜂箱は、ハチミツ自動採取式だ。オートメーションで生産性を高めようとしているのではない。むしろ、一般の手動採取式に比べると生産性はかなり低い。

自動採取式なら、養蜂箱から1mくらい離れた所に瓶をおいておくと自動的に蜂蜜が溜まる。ミツバチに刺される心配は無い。そもそもミツバチが人を刺そうとするのは、侵略や奪略に対する防御だ。自動採取式だと、侵略も略奪もしないので、ミツバチは防御しようとしない。

自動採取式だと人間は暇だ。そこで、人間は花を絶やさないように働く。蜜蜂が好きなのは花粉と蜜がたっぷりの白と黄色の花だ。典型的なのはヒマワリだ。こういう花を四月から十月まで絶やさないようにしてあげる。

蜜蜂は花粉と蜜を求めて遠方まで飛び続ける。一回の飛行距離は平均して片道2km、一日20～30kmと言われているが、きちんとした統計データではない。日本蜜蜂の平均体重は

自動採蜜式の養蜂箱

約80mg。運ぶ蜜と花粉の重さは約40mgだそうだ（日本養蜂協会HP）。気が遠くなるような重労働だ。働き蜂の平均寿命は一ヶ月程度だから、重労働は自分のためではなく、仲間のためだ。その重労働の成果を略奪しては気の毒だ。養蜂箱の周辺に花を絶やさないようにして上げれば、蜜蜂の労働を軽くしてあげられそうだ。

もちろん、養蜂を生業や趣味にしている人たちは、そういうことに気を使っていることは知っているが、大規模になると手が回らない。効率を重んじる。そういう傾向が強くなる。養蜂に限ったことではない。自給自足あるいはスモールビジネスならば、手は回る。効率が悪くても気にならない。

蜜蜂にとっては、必要な時期に必要な花がすぐそばに咲き続けているので過重労働にはならない。蜂蜜を奪われる心配もない。人間にとっては蜂に刺される心配はないし。花が咲き続けていて嬉しい。植物にとっては、蜜蜂がしっかりと受粉を助けてくれるし、水が足りなければ人間が補ってくれる。つまり、植物と昆虫と人間が共生する。

採取した蜂蜜で「蜂蜜トースト」をつくる。バターをたっぷり塗った上から採りたての蜂蜜をたっぷり塗って、トースターでこんがり焼く。感動しない人は稀だ。多様性を実感し、愉しめることは間違いない。

犬と暮らす

イノシシ・熊・猿・鹿……いろんな動物が里に下りてきて畑を荒らす。

電柵という高圧電線を張り巡らせる。数千ボルトの高電圧を掛けるが、微弱電流が一瞬流れるだけだから、触った動物や人が死ぬことはない。

電柵までは理解できる。理解できないのは、最近の狩猟ブームだ。若い人たちが罠や銃の狩猟免許を積極的に取得する。農業で汗を流し、動物に作物を荒らされた経験を持たない若者が、いきなり狩猟から入る。そして「害獣をやっつける！」と意気込んでいる。先住民のインディアンを銃で殺戮するカウボーイのことを思い出した。西部劇では彼らはヒーローだった。

順番があるような気がする。まずは野生動物たちが住んでいる森を侵略しないこと。場合によっては、少し応援してあげる。冬眠前の熊の食べ物はドングリだ。秋に食べるドングリで一年間の必要カロリーの80%を賄うそうだ(東京農工大・小池准教授らによる)。つまり熊は食いだめをする。成獣の熊のドングリ摂取量は一日に約一万個だそうだ。熊になったつもりで、ドングリを食べる真似をしてみたことがある。一万個食べるのに熊は八時間かける……というのが、この実験から僕が得た推論だ。

ドングリがなるのは、ブナ、コナラ、クリなどの、ブナ科の広葉樹だ。二十種類以上あるという。これらの木の量を確保してあげたい。ドングリは豊作の年と凶作の年がある。凶作の年は熊には悲惨だ。だから、凶作の年はカロリー補給してやりたい。豊作の年に集めて「備蓄ドングリ」とか……。

ムック

凶作の年でもないのに、熊が里におりてきたら、「いきなりズドーン」ではなくて、「こっちは君たちのゾーンじゃないよ」と教えてあげる。人間の言葉はわからないから、替わりに犬が「ワンワン」と通訳する。

非電化工房の近所には熊もイノシシも出没するが非電化工房の敷地内には立ち入ったことがない。ムックが吠えまくるからだ。非電化工房には大きな池があって、鯉が泳いでいる。白鷺（しらさぎ）という美しい渡り鳥がしばしば飛来して鯉を食べ尽くしてしまう。初めは僕たちが追い払っていたが、直ぐにムックが覚えて、白鷺が飛来すると吠えて追い払ってくれる。勿論、犬は可愛くて、心が和むのだが、犬と暮らす価値はそれだけではない。犬は多様型ライフを愉しむ上での大きな役割も担ってくれる。

コンポストをつくる

生ごみ処理機がブームになったことがある。一九九一年頃のことだ。プラスチックのバケツをさかさまにしただけのシロモノが数万円もしたのに、よく売れた。自治体がほぼ全額を補助してくれたからだ。自治体にしてみれば、膨大なごみ処理費用を減らせると期待した。

どこの企業の製品もなぜか緑色で、アチコチの家の庭に鎮座していて、下品さに辟易した記憶がある。バケツをさかさまにしただけだから、空気とは混ざらない。当然、空気を嫌う嫌気性微生物が活躍して、生ごみを分解してくれる。嫌気性微生物の特徴で、ドロドロになり、悪臭が漂う。

一応は生ごみが堆肥化された。そこで市民はハッと気がついた。肥料を使う畑が無いことに。ブームは速やかに消え去った。処理機メーカーは大儲けをした。

実は、生ごみ処理機の購入助成制度は、今でも多くの自治体が実施している。補助の主な対象機器は、「機械式生ごみ処理機」だ。電気の力で生ごみを乾燥してしまう。畑が無くても捨てるか燃やせばいい。しかし、８００Ｗほどの電力を消費する。機械式生ごみ処理機の導入で、自治体のゴミ処理費用は減るかもしれない。しかし、ごみを処理するのに、電力を大量消費するのは、なんだか変だ。

生ごみを分解するには、嫌気性微生物ではなくて、好気性微生物にまかせた方がいい。ドロドロではなくサラサラになるし、悪臭も発生しない。但し、空気とよく混ぜないと好気性微生物は活躍してくれない。電気の力で攪拌したり、空気を通したりすれば空気とよく混ざるが、電力がもったいない。

前置きが長くなった。電力を使わないで生ごみと空気をよく混ぜるコンポストをつくってみた。下の写真をみていただきたい。「木製回転式コンポスト」だ。横についている赤い棒の端を持ってドラムを回転させる。小学生でも回せる。ドラムを回転させると、中のゴミが連れ回りされつつ攪拌されて、空気が良く混ざる。一日に十回転くらいさせれば、二〜三週間で生ごみは分解される。好気性微生物の力だ。この構造ならば自分でつくれる。

生ゴミに限らない。雑草でも、古新聞でも、木綿の古着でも、肥料になる。循環型のライフスタイルを愉しみながら実

回転式コンポスト

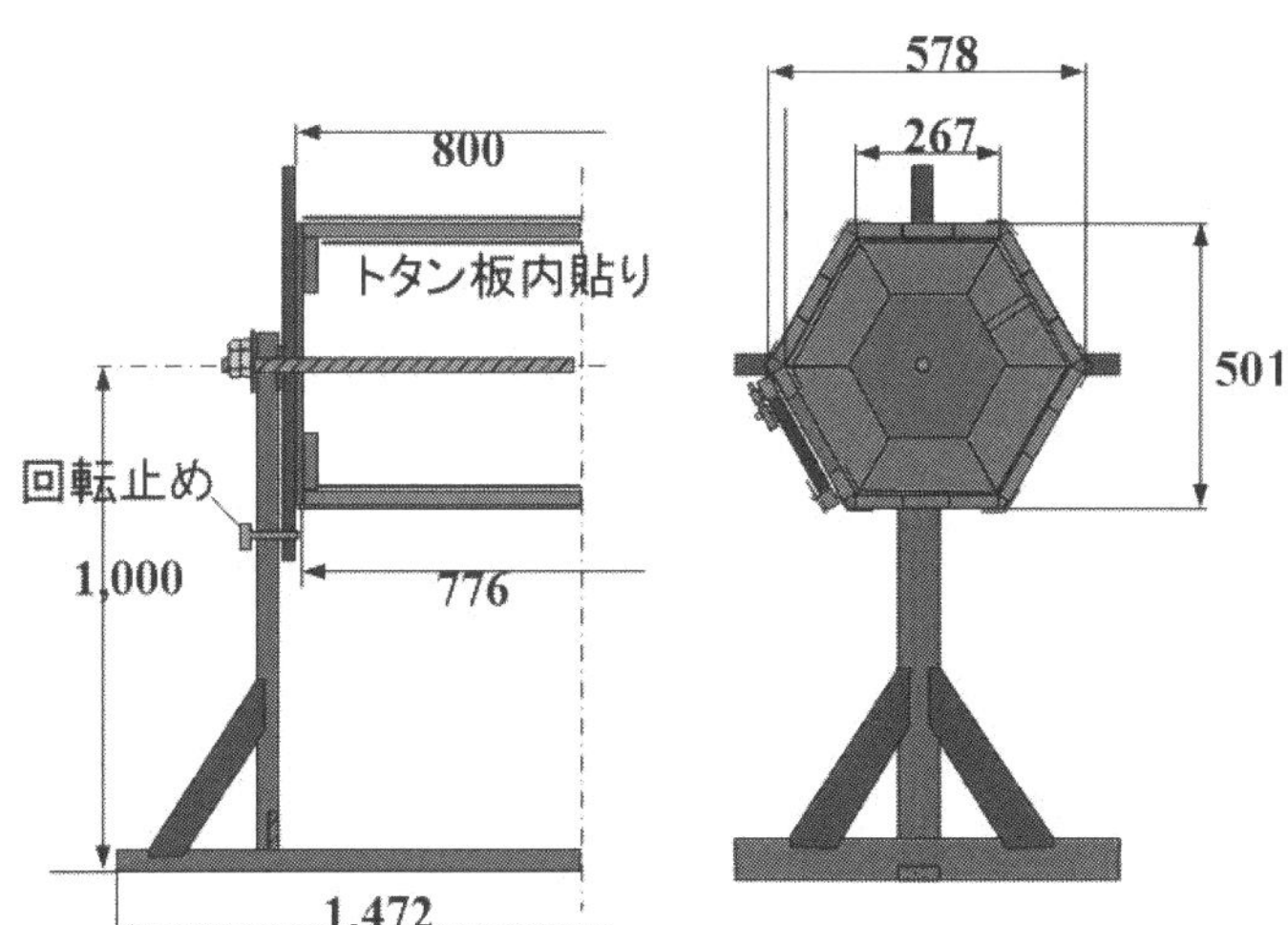

感できる。分解できないプラスチックは使いたくなくなる。

豆を栽培する

豆はすごいと思う。タンパク質が豊富だ。色が着いた豆はミネラルも豊富だ。タンパク質が無いと筋肉はできないし、細胞核もできない。つまり、タンパク質が無ければ人間は生きてゆけない。タンパク質の主成分は窒素だ。空気の78%は窒素だから、空気を吸うときに窒素も取り込めばよさそうだけど、動物は酸素しか取り込めない。窒素を取り込むには植物の助けが必要だ。

空気中の窒素が土に混ざると、窒素固定菌という微生物がアンモニウムイオンに変えてくれる。次に亜硝酸菌という微生物が、アンモニウムイオンを亜硝酸イオンに変えてくれる。その次には硝酸菌という微生物が亜硝酸イオンを硝酸イオンに変えてくれる。硝酸イオンは水に溶けて、植物の根から吸い上げられる。そして、植物の中でタンパク質に変えられ、それを人間が食物として摂取し、腸から吸収される……というプロセスを窒素循環という。ヤヤコシイ！

このヤヤコシイ窒素循環が普通だが、豆だけはヤヤコシクない。豆の根にはなぜか根粒菌という微生物が住み着いていて、アンモニウムイオンを硝酸イオンに変え、水に溶けて

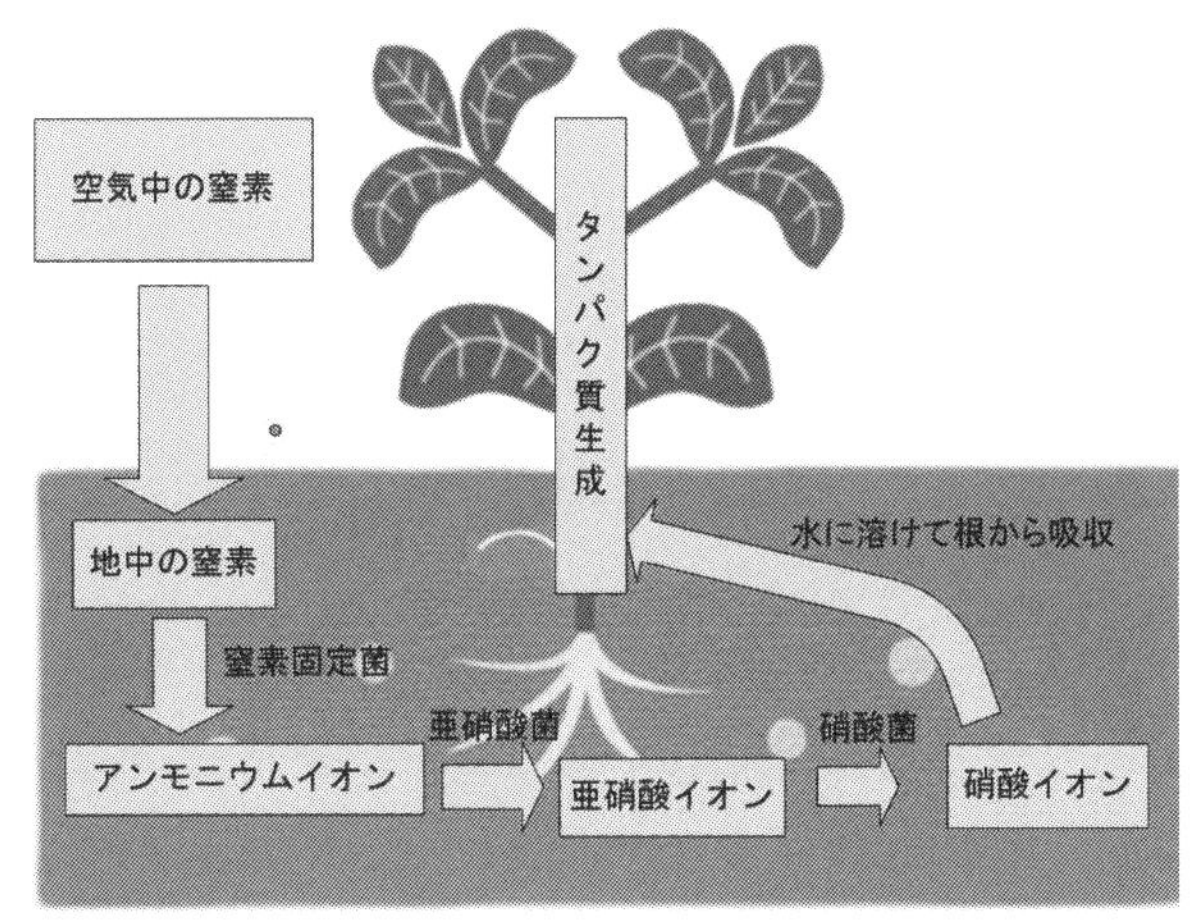

窒素循環

豆の根から吸い込まれる。不思議だ。ヤヤコシクないから、豆だけがタンパク質豊富になる。大豆100gには、タンパク質が33・8gも含まれている。

豆を育てながら、窒素循環ということを考える。豆を食べながらも質素循環について考える。ビールと一緒に枝豆を食べる時は、窒素循環のことは忘れる。

窒素循環という系の中に、自分がいるというヤヤコシサさが、やがて快感に変わってくる。嘘のような話だが、本当だから試していただきたい。この快感を一度味わうと、豆をリスペクトするようになるし、見えないはずの地中微生物が見える気分になる。

土もただの土ではなく神秘的なものに見

えてくる。「豆と土と微生物に向かって「あんたたち、偉いんだね！」と呟いたりする。微生物がイッパイの土を守りたくなる。だから、化学肥料を使いたくなくなる。エコロジーというのは、こういうことなのだと僕は思う。

機械修理を愉しむ

「機械の修理は、循環型のライフスタイルの基本」と言うと、怪訝（けげん）な顔をされる。いつの間にか機械は使い捨てられるもの……ということになって、循環型とは対極にあるような印象になっている。しかし、人間は機械を、そして技術を捨てることはできない。人間の人間たる所以（ゆえん）は、技術を持つこと……と言い切ってもよい。ならば、技術を否定することは人間であることを否定することになってしまう。

技術を持つのが悪いのではなく、使い捨てにして環境持続性を損なうのが悪いのだと思う。ならば機械が故障したら、直して長く使う。どれくらい長く使えばよいかと言うと。捨てた場合に地球が土に戻してくれるよりも長い時間使う。だから、機械は直せば長く使えるもの、そして直しやすいものでなくてはならない。そうであれば、機械は環境持続性に抵触しない……と立派（？）なことを述べたが、言行不一致の恥ずかしい経験もある。

四年前に、二台目のトラクターを購入した。勿論中古だ。新品なら四百万円くらいするものを三〇万円で手に入れた。二三五時間しか使っていないので、新品のように綺麗だった。比較的に最近の機種なので、水平自動制御付きだ。水田の場合には水平に耕すことが必須なので、水平自動制御付きは悪くない。いい買い物をした……と喜んだ。

マニュアル式に改造したトラクター

使い初めて一週間で故障した。ロータリーという、回転して耕す部分が上下しなくなった。自称修理名人なので、修理を試みたが直せなかった。コンピューター自動制御だったからだ。仕方がないので、メーカーを呼んだら、コンピューターボックスを丸ごと交換しなければ直らないと言う。値段は二〇万円。田植えの時期も迫っているので、やむをえず注文した。二日後に「この機種のコンピューターボックスは既に製造中止で、在庫も無い」とメーカーから告げられた。どうすればいいか尋ねると「新機種の新品を買ってください」と言う。唖然(あぜん)とした。未だ二三五時間しか使っていないトラクターを捨てなくてはいけない。コンピユーターボックス以外はピカピカなのに。そこで気がついた。立派なことを言っていたくせに言行不一致のダメなことをしたから天罰が下ったと。

ここで捨てては無念だから、手動式に改造した。なんということはない。スイッチとリレーを加えて、電気配線をするだけだ。二時間でできた。これでオートマ車がマニュアル車に変わった。つまり昔のタイプに戻った。いまでも立派に動いている。今度は故障しても自分で直せる。ディーゼルエンジンだから頑丈だ。一万時間くらいは使い続けたい。新しいビジネスモデルも思いついた。動かなくなったオートマ車を半永久的に動くマニュアル車に改良して上げるビジネスだ。

家の修理を愉しむ

家だって修理して長く使えばいい。ついでに美しくしてしまう。省エネルギー度を上げれば更にいい。美しさや心地よさを加えるようにしないと修理作業を愉しめない。一つ忘れていた。タダみたいに安く修理することも大切だ。自分で可能な修理を、技術が簡単な方から並べてみると

【初級篇】部屋の壁の塗装、部屋の壁の張替え、家の外壁の塗装、棚の修理、家の外

壁の張替え、床板の張替え、天井の張替え、デッキの修理、水道の水漏れ修理、電気の断線修理

【中級篇】窓枠のゆがみ修理、ドアの修理、引き違い戸の修理、電気の漏電修理

【上級編】付け窓、パッシブソーラーリフォーム、付け屋根、屋根の雨漏り修理

例えば「部屋の外壁の塗装」。ペンキを塗るだけのことだ。美しい色を出すためには、下地に白ペンキを塗り、その上に色が着いたペンキを塗る。例えば青ペンキ。買ってきたままの青ペンキではケバケバシすぎる。艶消し(つやけし)の青ペンキにライトカーキを混ぜる。するとアンティーク風の落ち着いた雰囲気になる。ペンキを塗っただけなのに、見違えるようにオシャレな家になる。

例えば「付け窓」。冬の寒さを防ぐと同時に部屋を美しくする。そもそも冬に部屋が寒いのは、①窓に隙間、②窓ガラスが一重、③窓から放射冷却が起きている、④窓でコールドドラフトが生じている、⑤壁の断熱性が低い、⑥床の断熱性が低い……以上終わり。部屋を暖房しても温まらない場合は、天井の断熱性が低いという⑦が加わる。

ペアーガラスに取り替えてしまえば、効果は大きいのだが、サッシごと替えることになるので、高額だ。90㎝×90㎝の場合を例にとると、ペアーガラスだけの価格は一～二万円

付け窓

だが、サッシごとの交換だと一〇〜二〇万円くらいが相場だ。そこで「アートな付け窓」を自分でつくって取り付ける。まずは窓枠をつくって既存の窓の内側に取り付ける。この窓枠に自作の窓を取り付ける。内側観音開きでも、引き違い戸でもいい。上下スライド窓でもいい。そして、美しく塗装する。なるべく明るい色がいい。これで二重窓になるから、断熱性は格段によくなる。オシャレな窓にすれば、部屋全体が美しくなる。そもそも窓というのは、外が見えればいい、光が入ってくればいい……という機能だけのものではないはずだ。明るい未来が見え、希望が入ってくる……それが窓のはずだ。

3　自然の恵みで生きる

無農薬で米を栽培する

モンサント（現バイエル）の除草剤「ラウンドアップ」は有名だ。世界中で愛用（？）されている。ラウンドアップは葉に撒くだけで根まで枯らす。遺伝子操作してラウンドアップに耐性を持たせた種子はラウンドアップレディーという可愛い名前が付けられている。ラウンドアップレディーとラウンドアップを一緒に撒くと、ラウンドアップレディーだけがスクスクと伸び、雑草は一切生えてこない。農業がラクチンになった。夢の農業ともてはやされて、世界中に普及している。適用された畑を何度か見たことがあるが、雑草が一本も生えていない。美しいとも言えるが、身の毛がよだった。

ラウンドアップレディーは日本でも大豆、トウモロコシ、ジャガイモ、ナタネ、テンサイなど八品種三〇〇品目ほどが認められて普及している。世界の種子の売り上げの74・5%がモンサント製と前述したが、一社の特定の種子だけで70%を超すのは異常だ。多様性どころの話ではない。植物と微生物と動物とは連鎖しているので、植物の多様性を壊すと、微生物にも異性体が現れ、手が付けられないことにもなりかねない。この先一体なにが起きるのだろうか。

日本人にとっては米は特別な存在だ。米に忍び寄るモンサントの魔手（？）は種子法によって守られてきたが、その種子法も二〇一八年四月に廃止された。つまり、米の種子の自由化宣言だ。現にモンサントの種子である「つくばＳＤ」で栽培された米がセブンイレブンのおにぎりに使われている（山田正彦「タネはどうなる」）。

前置きが長くなった。本題の「米の無農薬栽培」の話に移す。米に限らず農産物には農薬を使いたくない。農薬は人や動物の安全・健康を損なうだけではない。連鎖して、昆虫や微生物の生存やバランスを壊す。米につくカメムシや松くい虫を退治するために空中散布するネオニコチノイド系農薬が蜜蜂やトンボを激減させている話はよく知られていることだ。小児に近年増えているＡＤＨＤ（多動性症候群）の主な原因であることも指摘されている（ダイオキシン・環境ホルモン対策国民会議）。

大規模農業のことはさておくとして、自給自足レベルの農業では、自分たちで栽培した農作物を自分たちで食するのだから、無農薬での栽培は当然のこと……のはずだが、必ずしもそうではない。なぜだろうか？

農薬の目的は病害虫駆除と雑草の除去だ。両方ともに農薬に依存した方が楽だ。それほどに病害虫駆除と雑草除去は重労働で時間もかかる。農薬を使いたくなくても、つい目をつぶってしまう。実情はそんなところだろう。ならば、無農薬栽培の方がオシャレでラクチンならばどうだろうか？　農薬を使う人は少なくなるはずだ。

例えば、お米の栽培。雑草だらけだと稲の生育が悪い。どうしても雑草は取り除きたい。米は条という線に沿って一株づつ植える。条と条の間隔を条間というが、約30㎝。ここに生える雑草は除去しやすい。田車を押して歩けば、雑草は地面に埋め込まれて肥料になる。株と株の間隔は株間と呼ばれて、15㎝くらい。株間に生える雑草は手で抜くしかない。足は水田にはまり込んで抜けないし、腰は屈め放し……本当に辛い。

雑草が生えないようにすればいい。いくつかの方法がある。一つの方法は、稲葉光圀さん（NPO民間稲作研究所）のやり方だ。簡単に言うと、アミミドロのような緑藻を水面に繁殖させる。緑藻に遮られて陽光は水底に届かないので、雑草は生えない。具体的には稲葉さんの著作を読んでいただきたい。稲葉さんはカエルなどの昆虫を繁殖させて病害虫も見事に防除している。多様性と循環性を活かしてラクチン有機稲作を実現した。

僕たちのやり方は「溜池農法」だ。田圃のそばに溜池を用意しておく。溜池の深さは50㎝以下。落ちても溺れないように深くしすぎない。その上に、深くし過ぎると水が温まらない。面積は田圃の広さの三分の一程度。土地にゆとりがあれば、もっと浅く広くする。溜池でゆっくり時間をかけて温めた水を田圃に導く。溜池を高くできれば重力で導けるが、

溜池農法稲作

高くできない場合はエンジン駆動ポンプで導く。

水が温かければ、深水（ふかみず）にできる。そもそも浅水（あさみず）にするのは、太陽の光で水温を高くするためだ。水温が高くないと稲は十分に育たない。深水にすると、太陽の光が水底に届かないので、雑草は生えない。田圃に米ぬかを撒いておくと、光を遮る効果がより大きくなる。米の栄養にもなる。米ぬかはコイン精米所でタダでもらえる。

溜池農法なら、用水が無くても水田ができる。このことは、自給自足農業や小規模農業を実現する上で意味が大きい。稲作をしようとすると、普通は用水付きの水田を借りる。

用水というのは川から引いてきた堀のことだ。掘をつくるには膨大なお金が掛かるので、組合化されて利権化されていることが多い。そう簡単には使わせてもらえない。

溜池農法なら用水が無くても水田ができる。空地があれば、耕して水田にする。溜池をつくって、水を貯める。時間をかけて水を貯めるなら細い水でいい。

どこかから水を引いてこられれば、それに越したことはないが、引いてくる水が無いならば、小さな井戸を掘って汲み上げる。井戸掘り技術については後述する。言い忘れたが、稲作は一人あるいは夫婦だけでやると辛い。みんなでやれば愉しい。

バケツ稲作

バケツ稲作をご存知だろうか。文字通りバケツでお米を栽培する。都会のベランダでもできるところがミソだ。サイズが異なるカラフルなバケツを並べるとオシャレになる。下手なアートよりも美しい。

「バケツごときで食料を賄えるか！」と思うだろう。その通りだ。大きめなバケツ（20ℓ）一杯で、収穫した米一・二合というのが僕の最高記録。〇・四合が最低記録。バケツを五個用意したとしても二〜六合。四人家族の一〜三食分にしかならない。

バカバカシイと思うかもしれないが、そうでもない。実際にバケツ稲作にチャレンジした人の全員が感動したと言う。こんなに美味しいお米は食べたことが無いとも言う。バカバカシカッタと言った人はいない。

バケツ稲作といえども、芽出しから始まって、田植え、中干し、稲刈り、天日干し……

バケツ稲作

と、水田稲作とまったく同じことを行う。水位の管理や雑草・害虫退治・雀対策・肥料などの工夫をすれば収穫は増える。これも水田稲作と同じことだ。つまり、バケツ稲作をすれば水田稲作の技術を修得できる。実際にバケツ稲作を試みた人のほとんどが水田稲作を指向する。

　古代米の黒米をつくるのもいい。黒米はもち米の一種だが、ミネラルが豊富で健康派の人は誰でも知っている。ご飯を炊く時に軽く一握り混ぜるだけで、炊き上がりは黒紫のモチモチした美味しいご飯になる。

　ベランダや庭先に稲が育ってくると豊かな気持ちになる。自然の恵みで生きるという感性も培(つちか)われる。観葉植物の鉢が置いてあるのとはまったく違う。日本人にとって米というのは、なにか特別な存在のようだ。都会の人にはバケツ稲作をお勧めしたい。

　都会では、自然の恵みで生きるという感性を殺さないと生きて行けないと言う人もいる。僕はそうは思わない。都会でもできることはタクサンある。銀座でミツバチを飼っている人だっている。屋上で有機栽培をやっている人もいる。ベランダでトマトをつくっている人は多い。

韓国ソウル市のパク・ウォンスン市長は「自然の恵みで生きるという感性は一番大切な人間性だ」と常々発言している。そして「自然の恵みで生きる感性を育むには農業がいい」と考えて、「一家庭一坪菜園運動」を展開した。今やソウル市は押しも押されぬ「都市型農業のメッカ」だ。パク市長は立派だと僕は思う。

サツマイモを栽培して焼き芋にする

サツマイモほど簡単に育てられる野菜はない。収穫の達成感の大きさは米とサツマイモが双璧だ。そして、サツマイモほど栄養豊富な野菜はない。だから、自給自足を始めるなら、サツマイモから出発することを薦めたい。稲作から始めると、農業が嫌いになる懸念がある。「自給自足は愉しい順番に」というのが僕のいつもの提案だ。

サツマイモの苗の植え方は簡単だ。畑を耕して畝(うね)をつくる。普通は畝の高さは10㎝もあれば十分だが、サツマイモだけは30㎝くらいの高畝にする。水はけと通気性のためだ。苗を買ってきて畝に植え付ける。苗といっても葉がついた25㎝くらいの蔓だ。一本あたり三〇～五〇円くらいだ。節の数が多い苗がいい。この節から根が生えるからだ。五個以上が

薫炭器で焼き芋

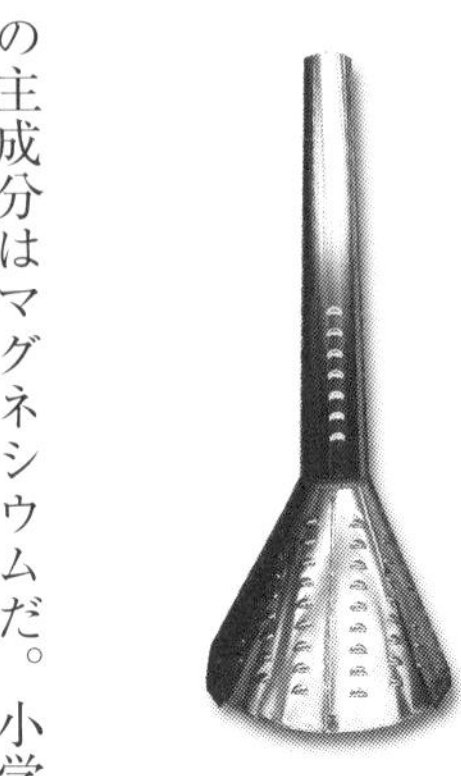

基準だ。この苗を30cm間隔で植え付ける。葉の部分は空中に出し、蔓の部分を土中に斜めに埋める。植え付けた後一週間くらいは毎日水遣りをする。後は何もしないでいい。肥料もやらないでいい。水遣りもしないでいい。スゴイ！

一つ忘れていた。蔓起こしだけはする。生育が始まると蔓がドンドン伸び、アチコチに根を下ろす。この根を抜いてやることを蔓起こしという。蔓は最終的には20mくらいまで伸びる。蔓起こしをしないと、葉ばかりが茂って芋は大きくならない。

芋の生育のメカニズムはスゴイ。根から水を吸い上げて、長い蔓を通って、遥か遠方の葉まで届ける。葉の表面では、根からの水と空気中からの炭酸ガスを合成してデンプンを生成する。光合成というアレだ。光合成には太陽の光と葉緑素が必要で、葉緑素の主成分はマグネシウムだ。小学校の理科で習った。合成されたデンプンは蔓を逆流して根まで運ばれて芋になる。ということは、20mもの長さの蔓の中をマグネシウムが溶け込んだ水が往ったり、デンプン（実際にはブドウ糖の形で）を含んだ水が復（かえ）ったりしているわけだ。畑で芋の蔓を見ていると「あんた、すごいね！」と声を掛けたくなる。

苗を植え付けてから四ヶ月もすると芋掘りだ。芋掘りほど達成感のある作業は少ない。この愉しい作業を独り占めするのはもったいない。多くの人と分かち合うのがよさそうだ。

掘りたての芋は美味しい。どんな食べ方をしても美味しいのだが焼き芋にして食べるのが最高だ。燻炭器（くんたんき）というものを使って米の籾殻（もみがら）を燻炭にする。籾殻の中にサツマイモを入れておく。二時間くらいかかるのだが、この焼き方が一番美味しい。秋晴れの下で、掘りたての焼き芋をみんなで頬張る。収穫の秋を、そして自然の恵みで生きる喜びを実感するひと時だ。

トマトを栽培する

トマトの栽培も簡単な割には達成感が大きい。自給自足の入門編には最適だ。入門編では、育てやすくて美味しい品種の苗を買ってきて植え付ける。「ホーム桃太郎」は、自給自足向きの品種だ。夏場に発生しやすい青枯病（あおがれびょう）にも比較的強く、糖度が高く安定した品質だ。「ホーム桃太郎」の場合、一株あたり初心者で二〇個、中級者で四〇個、上級者なら

トマト栽培

六〇個くらいの大玉の実を収穫する。初心者は苗を六株くらい購入して、合計一二〇個くらいの収穫を基準にするとよさそうだ。節間が詰まって茎が太い苗を選ぶ。上の方に蕾（つぼみ）、一番下に子葉がついていれば申し分ない。ヒョロヒョロした苗は避ける。一株二〇〇円くらいだから、収穫量の割には安い。少々高額でもしっかりした苗を選ぶ。苗選びはトマト栽培のポイントの一番だ。ただし収穫の「成績」にはこだわらない方がいいと思う。成績にこだわると、愉しさよりも苦しさが上回ってしまう。少しづつ上達していくのがいい。

上達したら、苗からではなく種から育てる。種は発芽率が高く、二〇粒で五〇〇円くらいと安いので、いろんな種類のトマトを愉しめる。一株当たりの収穫量も上げるようにすると、技術を愉しめる。ついでに自慢もできる。オジサンにとっては大事なことだ。

トマトはＰＨに寛容なので畑の土のＰＨ調整は要らない。根が深くまで伸びるので、深さ30㎝、直径30㎝くらいの穴を掘り、底に10㎝くらい元肥をやる。鶏糞だけでもいいが、堆肥3：鶏糞1くらいに混ぜると理想的だ。

トマトは倒れて折れやすいので、支柱が大切だ。最初は仮支柱、丈が20㎝を越したら本支柱を立てる。ポイントの二番目は支柱だ。果実がピンポン玉くらいになったら追肥を与える。以後月に二回ほど施す。追肥は鶏糞のみでいいと思う。ポイントその三は追肥だ。トマトは雨に弱いので、雨除けのテントはポイントの四番目。

栽培のポイントを四点ほど抑えておけば、たいていの野菜づくりはホドホド上手くいく。難しく考える必要はない。要はポイントを押さえておくことだと思う。

ただし、トマトだけはポイントが多い。大玉トマトの場合は脇芽はすべて摘みとり、主枝一本にする。この脇芽欠きが五番目のポイント。花が咲いたら受粉を助けてやるのが六番目。説明は省くが摘芯が七番目で八番目が摘果……以上終わり。ヤレヤレ！

トマト栽培は特別にポイントが多いので、自給自足の勉強には一番いい。ただし、面倒臭がりの人はトマトを避けるべし。自給自足は愉しくなくてはいけない。

ジャガイモを栽培する

トマトと違ってジャガイモの栽培ポイントは少ない。ＰＨと土寄せと芽欠きと追肥だけだ。サツマイモほどではないが、手間がかからない割には食生活を豊かにしてくれる作物だ。自給自足には欠かせないアイテムだと思う。

ほとんどの野菜は酸性過多を嫌う。おおむねＰＨ6.5くらいを好む。だから春先に畑を耕す時には苦土石灰を散布する。普通の石灰でもいいのだが、苦土石灰はマグネシウムが混ざっているので、葉緑素の生成を助けてくれる。しかし、ジャガイモはＰＨ5.5～6.0くらいに留める。だから、ジャガイモの予定地には苦土石灰を撒かない方がいい。土のＰＨの測り方と調整法はどこにでも書いてある。しかし、自給自足の初級段階では「石灰を撒かない」くらいでいいと思う。種イモは購入する。品種は男爵とかメイクイーンが有名だが、非電化工房がある那須町では、キタアカリが断然美味しい。

種イモを畝に植える。深さは８㎝程度で間隔は30㎝くらい。種イモはくさりやすいので、元肥は種イモ同士の真ん中くらいに施す。後で土寄せをするので、高畝にはしない。同じ芋でも、サツマイモとは正反対だ。

ジャガイモは葉を茂らせ、その葉が陽光を浴びてデンプンをつくる。そしてデンプンを根に溜める。サツマイモの蔓が20ｍにも伸びるのと違って茎が上に伸びるだけだから、葉が密になり過ぎる。すると葉が茂りすぎて芋が大きく育たない。だから、一株につき一～二本を残して、他の茎を全部欠き取る。これが芽欠きだ。

茎は伸びて葉が茂るので、茎が折れてしまう。そこで、茎がむき出しにならないように土寄せをする。これで茎は折れない。土寄せの目的はもう一つある。生育が進んで、子芋ができて空気に晒されると緑化するのを防ぐためだ。

ジャガイモの成長は早いので、追肥が決定的だ。追肥を怠ると芋は大きく育たない。追肥は鶏糞だけでいい。草丈が15cmくらいの時と、30cmくらいの時の二回でいいと思う。以上終わり。これだけでジャガイモは豊作となる。

掘りたてのジャガイモは本当に美味しい。茹で上がりのジャガイモをバターと塩だけで食べる。これ以上美味しい調理法は無いと思う。一年分を栽培して、一年中愉しむ。幸せを実感できる。

ジャガイモの栽培

ゴミ溜めでカボチャを栽培する

非電化カフェの人気メニューの一つは「カボチャラテ」だ。カボチャを茹でる。牛乳と砂糖を加えてミキサーでよく混ぜる。これだけだと味が単調なので、生クリームとコーヒーリキュールの助けを借りる。これを冷やして提供する。体験した人はみな感動的だ……と言ってくれるので、自画自賛ではなく本当に美味しいのだと思う。

美味しさの秘訣はカボチャだ。美味しい品種を選んで栽培し、美味しい期間限定で提供する。カボチャは収穫後、常温で半年はもつのだけど、美味しい時期は三ヶ月だ。収穫したばかりのカボチャを冷凍保存すれば、長期間にわたって美味しさを保てることを知っているが、非電化カフェだから、そういうことはしない。品種は西洋種の栗カボチャがカボチャラテには一番合っていると思う。

カボチャは美味しいだけではなくて、栄養が豊富だ。食品の栄養分は、食品100g中に含まれる栄養分を㎎単位で表現する。例えば西洋種のカボチャのビタミンCは43㎎（サツマイモは29㎎）。レモンやリンゴの一〇倍だ。サツマイモをカッコ内表示したのは、優劣を比べるためではない。両方ともに驚くほどに栄養豊富ということを言いたいだけだ。食物繊維は3.5㎎（2.3㎎）、カリウムは何と450㎎（470㎎）も含まれる。ナトリウムはたったの1㎎（11㎎）だけ。ご存知と思うが、ナトリウムは血圧をあげ、カリウムは血圧を下げる。カボチャやサツマイモは高血圧の人には天の助けだ。ビタミンEは5.1㎎（1.6㎎）、マグネシウムは25㎎（24㎎）。なんだかクラクラしてくる。カロリーだって91キロカロリーもある（以上、七訂日本食品成分表による）。ちょっと大袈裟に言えば、カボチャかサツマイモだけ食べていれば健康に生きて行ける。但しタンパク質は1.6㎎（1.2㎎）しかないから、豆も必要だけど。

カボチャをゴミ溜めで栽培するとすごいことが起きる。地面に掘ったごみ溜めにカボチャの種を捨てておく。美味しいカボチャの食べ残しの種でいい。後はほったらかしにしておくだけ。梅雨時には芽が顔を出し、葉が大きくなって、蔓が伸び始める。そのまま何もしないでも蔓はドンドン伸びて、葉を茂らせ、夏になるとアチコチに実が育ち始める。最終的には蔓一本あたり、大玉のかぼちゃが五〜十個も実る。蔓を五本くらい残しておけば、一家の半年分のカボチャは賄える。カフェではゴミ溜め栽培とは言わないようにしている。

カボチャの栽培

大豆を栽培する

ごみ溜めカボチャ栽培の欄で、カボチャかサツマイモだけ食べていれば健康に生きて行ける。ただし、タンパク質が足りなくなるから豆だけは付け加えるべし……と述べた。前節「循環型ライフを愉しむ」では、豆の栽培を例にとり上げて「窒素循環」の話をした。豆の凄さを語っている内に、熱が入り過ぎた……と、後から読み返して反省したが、書き直すのはやめた。書き直してもまた熱が入り過ぎるに決まっているからだ。カボチャもスゴイが豆もスゴイ。自給自足のメニューにはぜひ入れていただきたい。

大豆の栽培は難しくない。美味しい大豆を畑に撒く。大豆は酸性土壌を嫌うので、苦土石灰を多めに撒いておく。鳥に食べられないように寒冷紗などで覆っておくか、ポットで育ててから畑に移植するようにする。肥料は窒素分が少なく、リン酸とカリが多いものを選ぶ。堆肥と草木灰を混ぜるとよい。本葉が五～六枚になったら摘芯する。摘芯しないと収穫量が増えない。背丈が30㎝くらいになったら周りを少し耕して、土の中に空気を入れてやる。これを「中耕」と呼ぶ。根の周りで繁殖する根粒菌に窒素と酸素を供給してあげるためだから、大切なプロセスだ。根粒菌への尊敬を込めて丁寧にやりたい。花が咲いたら追肥をする。元肥と同じく、リン酸とカリが多いものがいい。以上で終わり。

非電化工房では、追肥用の液肥を自分たちでつくる。油粕のままでは緩効性なので、発酵させて液肥にすると即効性になる。難しくはない。買ってきた（僕たちは油屋からもらってくるけど）油粕を瓶かペットボトルに入れて、一〇倍の水で薄める。毎日一度十回くらい振ってやる。蓋を緩くしてガス抜きもする。一ヶ月で油粕液肥が出来上がる。

油粕はナタネ油を搾った粕の場合が多いので、栄養成分は窒素4～7%、リン酸1～3%、カリ1～2%ほどの割合で、窒素が圧倒的に多い。ホウレンソウや小松菜などの葉物はこのままでよいが、大豆の場合はリン酸を増やしたい。骨粉が手に入れば混ぜてやる。重量比で油粕の半分くらいの骨粉を混ぜる。窒素4%、リン酸7%、カリ4%くらいになって、大豆追肥用の液肥としては丁度よくなる。根菜類に使う場合には、草木灰やスギナを混ぜてカリを多くする。よく発酵させてから使用しないと作物が肥料に負ける。炭酸ガスがブクブクとよく発生していたら、発酵が順調な証拠だ。発酵が弱い時にはヤクルトを混ぜてやる。油粕液肥の発酵は乳酸菌発酵だから、ヤクルトがいい。水1ℓにヤクルトを10cc も混ぜてやれば十分

スギナ入り油粕液肥

だ。残りは飲んでしまう。

栗ご飯を食べる

果樹の栽培はいい。自然の恵みで生きる喜びを満喫できる。例えば栗の木。美味しい栗の枝を分けてもらって挿し木……という方法もあるが、難しい。苗木を買ってきて植えるのが簡単でいい。一年生なら千円くらいで購入できる。品種は好みに合わせる。「丹波栗」が無難だと思う。日当たりの良い場所を選んで植えること。栗は自家不結実性なので、異なる品種と混植する方がいい。一本でも実が成ることがあるが、成らないこともある。僕たちは栗や柿やジュンベリーやイチジクや……とタクサンの種類の果樹を一〜二本づつ育てて愉しむのだが、そういう愉しみ方をする場合には、自家結実性か自家不結実性かを知っておくことが大事だ。

栗の根には「菌根菌」が共存しているので、やせ地で育つ。耐寒性も強いので育てやすい。自給自足の入門篇向きだ。本当は施肥や整枝など、してやった方がいいことはあるのだけど、何もしなくても実は成る。「桃栗三年柿八年」と言われるように、三年で実は成るが、七年目くらいからが一人前だ。

非電化工房の栗は今年で一二年。毎年秋になるとたわわに実をつけてくれる。僕たちが好きな食べ方は栗ご飯だ。硬めに茹でてから渋皮を剥いた栗ともち米を圧力鍋で炊く。炊きたての栗ご飯に特別に美味しい食塩を振りかけて食べる。小豆（あずき）を一緒に炊いて色をつけ、ゴマ塩をかけて食べるのも悪くない。味覚の秋を満喫できる。大袈裟に聞こえるかもしれないが。生きている喜びを感じる。

木の実の採取

果樹の栽培は本当にいい。実を摘み取る時には誰もが豊かな気持ちになる。リンゴや桃や梨や葡萄のような難しいものに手を出さないようにすれば、ほとんど手間要らずで愉しめる。柿も簡単だ。ブルーベリー、ラズベリー、ブラックベリーやジュンベリーも簡単だ。イチジクも簡単だ。非電化工房のある那須町は寒冷地なので、柑橘類の栽培には不向きだが、柚（ゆず）ならできる。サンルームではレモンとオリーブも育てている。

果樹の実はそのまま食べても美味しいのだけど、ジャムにしたり、グラノーラをつくったり、パイのようなお菓子をつくったりするのも愉しい。ドライフルーツにしてもいい。イチジクやクルミをパンに練りこむと、パンが格段に美味しくなる。

ジャムやグラノーラが美味しくできるようになったら立派なスモールビジネスになる。グラノーラを美味しくする秘訣の一つは、黒砂糖をまぶすことだ。驚くほど美味しくなる。

椎茸を栽培する

僕たちが住んでいる那須町は、二〇一一年の福島第一原発事故で、福島市以上の放射線量に見舞われた。事故から九年以上が経過し、放射線量は下がったが、筍（たけのこ）や山菜、川魚などを安心して食べられる状況には程遠い。事故直後、僕たちのホダ場も放射能汚染された。茸（きのこ）類は食品への放射能移行係数が非常に高い。椎茸（しいたけ）とシメジとナメコを栽培していたが、すべて廃棄した。口惜しかった。最近になって、口惜しかった思い出を愉しかった思い出が上回るようになったので、茸栽培を再開した。秋くらいには採れそうで愉しみだ。

茸栽培には、榾木（ほだぎ）栽培（原木栽培）と菌床（きんしょう）栽培の二種類がある。個人的な意見だが、菌床栽培は工業的な印象が強くて好きではない。だから、ホダ木栽培の経験しかない。まずはホダ場を準備する。茸は真菌の仲間だ。真菌にはカビや酵母が含まれる。真菌だから、ホドホドの温度と湿気を好む。暑いのと乾きすぎは苦手だ。寒すぎると死にはしないが活動停止してしまう。だからホダ場は東側と南側に広葉樹が育っていると嬉しい。夏には強い日差しを遮り、冬には木漏れ日が差す。西日は灌木で遮りたい。水掃けはよくしておく。

次はホダ木用の原木を準備する。切り出しは冬がベスト。コナラ、ミズナラ、クヌギなどのブナ科の木が適している。ドングリが成る木はすべてOK。直径10㎝前後の原木を、90㎝くらいの長さで切り出してくる。切り口に土が付かないように気を付ける。土は菌の宝庫だからだ。切り出した後、数ヶ月は乾燥させるといい。

余談だが「もやしもん」（講談社）というコミックは非電化工房住み込み弟子たちの愛読書だ。主人公の沢木惣右衛門直保（ただやす）青年は、菌やウィルスを肉眼でみることができるし、菌との会話もできる。普通の人にはできない。菌に愛着を持てば、見える気分にはなる。一方的に話しかけることは、もちろんできる。

原木に駒打ちするとホダ木が出来上がる。駒打ちというのは、原木にドリルで穴をあけ、種駒をハンマーで叩き込むことだ。種駒というのは、菌が植え付けられた駒のことで、直径8㎜、長さ20㎜くらいにつくられている。四百個で二〇〇〇円くらいで通販で買える。原木に直径8.5㎜くらいのドリルで20㎜くらいの深さの穴をあける。穴はなるべくタクサンあける。欲張るわけではない。茸の菌を多くすれば、他の雑菌が遠慮してくれるからだ。だからといって穴と穴の間隔が狭すぎると、成育した茸同士がぶつかってしまう。軸方向

椎茸の栽培

には縦一列に20㎝間隔で、周方向には5㎝間隔くらいが標準だ。

ホダ木そのもの、つまり原木に種駒が駒打ちされたものを通販で購入することもできる。椎茸の場合、一本二〇〇〇円くらいだと思う。簡単だが、つまらない。菌が見える気分にならない。話しかける気分にもならない。茸栽培に限ったことではないが、金を出せば、自給自足はラクになる。ラクにし過ぎると、愉しみが減る。お金も減る。

ホダ木が出来上がったら、仮伏せと本伏せを経て、ホダ場に移して、並べて立てかける。後は湿度管理をするだけ。仮伏せは日当たりの良い所で横積みする。本伏せは直射日光が当たらない場所で井桁に組んでおく。雨は当たるようにしておく。仮伏せも本伏せも、種駒の菌が原木に十分に移るようにするためだ。木口（原木の切断面）に白い菌が見え始めたら本伏せ完了とする。

ホダ木の表面が乾き気味の時はジョウロで水をやる。後は待つだけ。椎茸の場合は、傘の裏側の膜が破れたら収穫のタイミングだ。駒打ちから二回の夏をへてからのことだが、たまには一夏を過ぎての収穫ということもある。同じホダ木で何年かは収穫できる。収穫量が減ったらホダ木を取り替える。三年くらいが目安だと思う。

いうまでも無く、茸は栄養が豊富だ。日本人が長寿なのは、椎茸と納豆のお陰だ……と言い切る人もいるが、根拠は定かではない。栄養成分の根拠は定かだ。七訂日本食品成分表によれば、干しシイタケ１００ｇに含まれるカリウムは２１００㎎でナトリウムは６㎎。高血圧の人にはありがたい数字だ。

ビタミンＤは、12・７μg（１μgは１㎎の千分の一）。ビタミンＤは野菜・穀物・豆には含まれていない。魚には豊富に含まれているとは言うものの、ブリは6.4μg、シラス干しは6.1μg、サンマは15μgというから、干ししいたけの数字は立派だ。ビタミンＤは骨を丈夫にしたり、免疫力を高める効果があり、陽光を浴びると皮膚でも合成される。冬には陽光が足りないために、ビタミンＤ不足になりやすい。アメリカやカナダでは、牛乳にビタミンＤを混ぜることが法律で義務づけられているが、日本人は椎茸と魚を食べるので、そんなことは必要ない。

採りたての椎茸をバターで炒めて、火を止める間際に醤油をかける。熱いうちに口に放り込む。自然の恵みを堪能できる瞬間だ。欲望が満たされている美味しさとか、身体が求めている美味しさ、懐かしい美味しさ……美味しさにはイロイロあると思うが、トリタテ・ヤキタテの椎茸の美味しさは、身体が求めている美味しさだと思う。身体にはきっといいに違いない。

ソーラーフードドライヤーをつくる

天日で野菜や果物や魚を乾燥する。日本人なら誰でも知っていることだ。誰でも知っているから誰でもやるかというと、誰もやらない。面倒くさいからだ。

天日で乾燥しようとすると途中でカビたりする。日が照ると外に出して、日が沈むと家に入れる。下手をすると一週間くらいはかかる。ダシタリイレタリは、昔の日本人には面倒臭くなかったようだ。生活のリズムの中に組み込まれていたからだろう。今の日本人には面倒くさい。そんな面倒なことをしなくても、イツデモドコデモ生鮮食品や冷凍食品が買える。他にやることがタクサンある。だから誰もやらなくなった。

SFD（ソーラーフードドライヤーのこと）をつくってみた。太陽の光を上手に採り入れて食品に熱を加える。リフレクター（反射板）を加えるのがミソだ。自然対流の原理を使って温風が流れ、水蒸気を外に逃すようにもする。構造は簡単だ。材料はホームセンターですべて手に入る。このSFDを使うと、日照時間中にドライフードが出来上がる。ダ

ソーラーフードドライヤー（非電化工房製）

シタリイレタリは必要ない。カビの心配も無い。

ＳＦＤをつくるワークショップを開いてみた。写真を見ていただきたい。ホームセンターで手に入る材料だけでつくる。構造は至って簡単だ。沖縄に住む女性は三日かけて参加してくださった。北海道の男性も参加した。東京の女性だって参加した。午前十時にスタートして、夕方には出来上がった。出来上がったＳＦＤをみんな興奮して持ち帰った。参加者同士も仲良くなったようだ。

ドライフードにすると美味しくなったり、長持ちしたりするだけではない。例えば人参を油で揚げる。生の人参だと三〇秒かかるとすると、ドライフードなら四〜五秒で揚がる。油っこくなくて、シャキシャキしていて、格段に美味しい。健康にも良さそうだ。

例えばドライトマト。パスタやケーキに使ってみる。独特の甘みと酸味が加わって、美味しさに驚くはずだ。例えば野菜炒め。普通だと各野菜から味が染み出してボケた味になる。ドライフードにした野菜ならぼけない。各野菜も味が濃くなり、格段に美味しい野菜炒めになる。たかがドライフードつくりが加わるだけで、自然の恵みで生きるという感性……一番大切かもしれない感性が培われているような気がするから不思議だ。

山形市の阿部由佳さんの月3万円ビジネスは、SFDつくりのワークショップだ。由佳さんは非電化工房の元・住込み弟子だ。修行中にSFDのつくり方を覚えた。由佳さんでなくても、工作が得意な人なら、写真を参考にしてつくれるはずだ。工作が苦手な人は、工作自慢の人を仲間に入れればいい。非電化工房のワークショップに一回だけ参加して見習ってもいい。

つくったものを売るのではなくて、ワークショップを開いて、みんなで一緒につくる。一緒につくると仲良くなる。つまり仲間になる。同じSFDを持っている仲間同士は、いろんな経験を共有し合うことになる。「柿は厚さ5㎜で干すのがいいよ」とか、「大根と人参の細切りを干して、味醂と薄口醤油で一緒に煮ると絶品」などなど。温もりのある人間関係が育ちそうだ。

4 温もりのある家をつくる

土と藁の家をつくる

ストローベイルハウス……日本でもささやかなブームになっているので、ご存知の方も多いだろう。ストローベイル（藁のブロック）を積み重ねて壁をつくる。内側と外側に土を厚く塗り、表面に漆喰を塗って仕上げる。基礎や柱や屋根は木でつくる。つまり、土と木と藁でつくる家だ。トータルの壁の厚さは40〜70㎝になるので、断熱性は抜群。夏は涼しく、冬は暖かい自然素材の家だ。壁が厚いので、曲面や曲線をいかせるので、メルヘンのようなステキな家ができ上がる。

ストローベイルハウスのもう一つの特徴は、ワークショップで愉しくつくれることだ。僕も何度か主催したが、参加者は例外無く大喜び。参加者同士も大の仲良しになった。肩書きや損得を抜きにした共同作業は、いつだって愉しいのだが、土塗り作業は飛び切り愉しい作業になる。手順がヤヤコシイので、以下、順番に説明する。

①ストローベイルの藁は、稲藁でも、麦藁でも、ススキやヨシでもいい。ブロック

にするには、藁をしっかりと締め固めないといけない。緩いと後で崩れる。厚さ30、幅60、高さ45㎝という寸法が僕たちの基準だが、この重さが10kg以上。ガチガチという感じに締め上げる。締め上げ方はイロイロだ。PPバンドというのを使って、ウィンチを使って締め上げることもあるし、車用のジャッキを利用して圧縮した状態で縛ることもある。締め上げ機を持っている藁の工場に頼むこともある。オーストラリア製の出来上がったストローベイルを買うこともできる。室内床面積が20㎡（十二畳）の場合を例にとると、30×60×45㎝のストローベイルが一八〇個ほど必要になる。購入すると一個千円程度なので、合計一八万円ほどになる。高いとおもうかもしれないが。一般の壁はもっとずっと高い。

②基礎は普通の家と同じようにコンクリートでしっかりつくる。コンクリートの下には砂利を敷く。普通の家と違うのは、壁の厚さが時には70㎝にもなるので、幅が狭い基礎では支えられない。一般には、ベタ基礎のように、広い面積でコンクリートを打つが、僕たちは二重基礎というやり方を採用する。少しでも材料費を安くしたいからだ。

③基礎の上に木造の骨組みを建てる。強度はこの骨組みで持たせる。

④骨組みの外側にストローベイルを積み、崩れないように、骨組みに縛り付ける。

非電化工房のコブハウス（ストローベイルハウス）

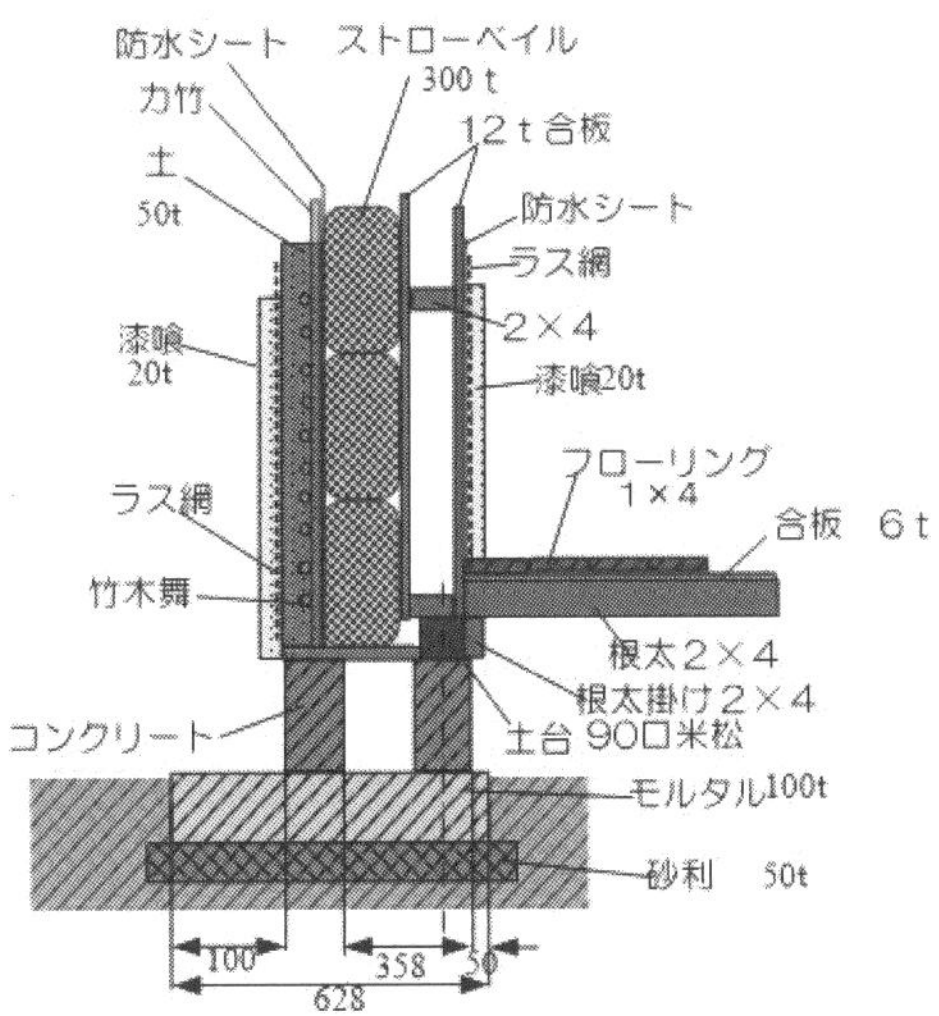

ストローベイルハウスの構造

このようにして、家の外側全部をストローベイル壁が囲むようにする。

⑤ストローベイル壁の外側に土を塗る。直接に土を塗っても落ちてしまうので、竹

の格子を組んで、この格子で土を支えるようにする。竹の格子のことを木舞(こまい)と呼び、木舞を組むことを「木舞をかく」と言う。

木舞のために竹を切ってきて、縦に割る。竹割器という道具を使うと楽に割れる。割った竹を格子状に組む。格子の交点を棕櫚縄(しゅろなわ)などで縛る。一連の作業を一人でやろうとすると、泣きたいほど辛いが、みんなでやれば愉しい。

⑥木舞をかいたら、土を塗る。土としては粘土が好ましいが、僕たちの敷地内からは粘土が出ない。粘土を買ってくると高い。室内床面積20㎡で壁の厚さが60㎝、その内の土の厚さが20㎝とすると、土の量は6㎥(9トン)ほど必要になる。運送費を含めると数十万円の出費になる。僕たちは、敷地内の土を使う。粘り気がほとんどないので、石灰を混ぜる。予めサンプル実験をして、石灰の配合量を決めておく。10〜20%の

非電化カフェ(ストローベイルハウス)

範囲に収まることが多い。10%とすると、石灰の量は1トンほど。コストは二万円くらいに収まる。石灰のほかに稲スサも混ぜる。稲スサというのは、稲わらを短く切ったものだ。土が割れにくくなる。10~15㎝くらいの長さに切って、なるべくたくさん混ぜる。土の厚さが厚いと、一枚の木舞では支えきれない。一枚ではせいぜい10㎝の厚さが限度だ。土の厚さが30㎝の場合には、木舞を三重にする必要がある。

⑦土が乾いたら、漆喰を塗る。漆喰は価格が高いので、なるべく薄く塗る。そのためには、土の段階で形を整えておく。室内床面積20㎡の場合、外側床面積は32㎡くらいになるので、厚さ5㎝で塗るとしても、漆喰の量は3㎥（約3トン）必要だ。普通は調合漆喰を購入するが、3トン購入すると三〇万円ほどになる。ぼくたちは消石灰とスサ（麻の繊維）と糊（例えばスノマタという海藻）を別々に買ってきて、自分で調合する。コストは二~三万円程度に収まる。

⑧床工事
⑨窓、ドア工事
⑩内装工事
⑪外回り（デッキ等）工事
⑫電気工事（照明、コンセント）

……

以上でストローベイルハウスが出来上がる。長い説明になったが、長くなったのはコストについて詳しく解説したからだ。お分かりいただけたと思うが、ラクにつくることはできるが、お金が掛かる。お金を掛けないようにすると手間がかかる。建築に限らず、農業でもエネルギーでも、自給自足はみんなそうだ。だから、手間をかけても愉しいようにする工夫が決定的に重要になる。そうしないと「金がかかるか、辛いか」の二者択一になる。そうではなくて、「金がかからないで愉しい」という一者択一にしたい。一番の工夫は、みんなでやること。繰り返し述べてきたように、みんなでやれば愉しい。

コンテナーハウスをつくる

コンテナーハウスはとても簡単にできる。頑丈で、安い。直方体そのものだから、家というよりは「箱」。でもセンスよく外装を工夫すれば、意外にオシャレな家になる。内装をセンス良く工夫すれば、住み心地も悪くない。要はセンスと工夫次第だ。だから、センスの良い人を仲間に入れて工夫する。

まずは中古のコンテナーを安く手に入れる。コンテナーには、材料別には鉄製、アルミ

コンテナーハウス（非電化工房内）

製、ステンレス製の三種類がある。サイズ別に10、20、30、40フィートの四種類、用途別にドライコンテナー、冷凍コンテナー、海上コンテナーの三種類がある。コンテナーハウスに改造する場合のお薦めはアルミ製の20フィート冷凍コンテナーだ。アルミ製は軽いし、加工しやすい。冷凍コンテナーは壁・床・天井共にしっかり断熱してある。20フィートコンテナーは標準的なので中古を手に入れやすい。内側床面積は八畳くらいで、使い勝手が良い。

アルミ製20フィート冷凍コンテナーは長さが約6m、幅は約2.2m、重さは2.5トンほどなので、輸送も困難を伴わない。中古品の上級品は七〜十万円ほどで手に入る。輸送費は、売り主まかせにすると十万円ほどかかるが、こちらで積み降ろし手段（3トンフォークリフトなど）を用意すれば二〜三万円ほどで済む。

非電化工房には二軒のコンテナーハウスがあるが、いずれも輸送量込みで一〇万円程度で手に入れている。凹みも無い上級品だ。知り合いの伝手を辿ればもっと安く手に入れられる。

コンテナーハウスに改造するためには、窓とドアを追加工する。窓とドアさえできれば、基本的には住める家になる。後は、住み心地を良くするための床張り、壁塗り（または壁貼り）、天井塗り（または天井貼り）、換気扇取り付け、電灯・コンセント取り付け、入り口のステップ、デッキ……など、追加工事に精を出せばステキ度を上げられる。

窓とドアを追加するためには、コンテナーの壁に四角い孔をあけ、そこに木製の窓枠とドア枠を取り付ける。窓枠もドア枠も自分でつくる。窓枠とドア枠ができたら、そこに窓とドアを取り付ける。窓もドアも自分でつくる。日曜大工が得意な人なら難しくはない。

中古コンテナーを一〇万円で入手したとし、床にはヒノキの1×4材、壁と天井には漆喰を塗る……という高級仕上げでも総工費は三〇万円以内に収まる。

ツリーハウスをつくる

汚い空間に寒々しい家……では不幸せ感が募る。自給生活を愉しくする上で、ステキな空間と温もりのある家は必須だ。空間をステキにするアイディアの一つはツリーハウスだ。

ツリーハウスがあれば、そこはアナザーワールド。誰もが童心に戻ってワクワクする。登ってみたくてドキドキする。

ツリーハウスに登ると、鳥になったような自由な気分になる。そして、ツリーハウスの中にいると、時間が緩やかに流れる。これがツリーハウスの魔法だ。だから、ツリーハウスをつくる時には、「アナザーワールド」で、「鳥のように自由」で「時間が停まる」ような……そういうツリーハウスをつくりたい。

ツリーハウスには、構造別に三種類ある。一本の幹がハウスを貫くように設置する「貫通式」、複数の枝にまたがらせる「枝かけ式」、複数の幹（または木柱）で支えられる「高床式」の三つだ。「高床式」は簡単だが、あまりワクワクしない。できれば「貫通式」か「枝掛け式」にしたい。何れにしても適切な樹木が無ければ話にならない。だからツリーハウスつくりの第一歩は樹木選びだ。

非電化工房につくったツリーハウスは「枝掛け

ツリーハウス（非電化工房内）

式」だ。敷地内の川岸にツリーハウスにうってつけの樹を見つけた。樹齢百年くらいのイヌシデという樹だ。硬く太い枝が広がっている。樹の姿に合わせてツリーハウスをデザインした。ツリーハウスのサイズは小さめにした。樹にのしかかっているのではなくて、母なる樹に抱きかかえられている感じにしたかったからだ。

ツリーハウスマニアは世界中に存在して、自然発生的な約束事がある。その内の一つは、建設時にはクレーンのような動力は使わないこと。マニアのコダワリに過ぎないのだが、そういうコダワリは好きだから素直に従った。

約束事の二番目は、梯子(はしご)は垂直にすること。斜めの梯子や階段にした方が登り易いことは分かっているのだが、敢えて垂直にする。地上という日常から樹上という非日常の世界に移るには、すこし難儀した方がいい……という考えだ。茶室の躙(にじ)り口を狭くするのと同じだ。約束事を守ったせいか、非日常的な自由さと穏やかさを実現できたと思う。

2×4工法で小屋をつくる

お金をかけないで、ステキで、居心地がよくて、健康的で頑丈な家を自分で建てる。そんなことはスゴイ技術の持ち主でなければ無理……と誰もが思った。一人でやろうとするからだ。みんなでやれば、簡単な技術で、安いお金で、ステキな家を建てられる。もちろん健康的で頑丈な家だ。ボロ家を手に入れてセルフリノベーション……は簡単な技術の一つだ。全国平均空き家率は13・8％（二〇一九年、総務省）なのだから、日本中空き家だらけだ。山梨県なら空き家率21・3％で、改修費用の三分の二を補助してくれる（山梨県HP）。非電化工房がある栃木県那須町は空き別荘だらけだ。二〇〇坪の土地に四〇坪くらいのボロ家が建っているとして、販売価格は百万円くらいだ。

2×4工法は有名だ。戸建て住宅の22・6％は2×4工法で建てられている（二〇一五年、日本ツーバイフォー建築協会資料）。頑丈なことは間違いない。一番の特徴は簡単に建てられることだ。大雑把に言えば、電動丸鋸とインパクトドライバーさえ使えれば建てられる。使う材料も2×4材と合板だけでいい。新品の材料を買ってきても、床面積10㎡（六畳）の家の材料費は一〇万円程度だ。解体屋さんと仲良くしておけば、廃材をタダで回してくれる。そういう工夫をすればコストは半減できる。

建てるのは簡単だ。みんなで力を合わせれば、アッという間に出来上がる。問題はステキさと居心地の良さだ。だから一番大切なのはステキで居心地の良い家をつくるセンスと技術だ。仲間にそういうセンスと技術の持ち主が加わると心強い。センスに自信が無い場合には、資料をタクサン集めてイイトコドリする。イイトコドリは著作権侵害にはならない。ウシロメタサを感じる必要もない。

ツーバイフォー工法で建てた小屋（非電化工房内）

簡単で安上がりなのにステキにするポイントの一つは窓とドアだ。窓とドアをオシャレにしただけで、家全体がオシャレになる。窓とドアをつくること自体は難しくないが、廃品の窓やドアを安く買ってきて、アンティーク風な味わいを活かしたデザインにする……という方法もある。

壁の塗装もポイントの一つ。ペンキを重ね塗りして、シックな色を探す。下地に白ペンキを塗り、その上に青ペンキを塗る。青ペンキにはライトカーキ色のペンキを少し混ぜる。乾いた後から、八〇番くらいのサンドペーパーで所々を磨いて下地の白を覗かせる。これだけのことでアンティーク風のステキな家になる。

建て方の詳細については、ここでは省く。初めての場合は入門書を手に入れてトライしていただきたい。本格的なテキストから入ると、プロでなくては無理……という気分になってしまうので、ＤＩＹ系の本がいいと思う。学研ドゥーパのシリーズの『日曜大工で作る！ ガーデン収納&物置小屋』、『我が家に手作りガーデンハウス』はお薦めだ。完全な初心者向けに詳しい手順が示されているので、書いてある通りにつくってみる。つくってみれば、簡単にできることが分かる。物置でも立派な家でも、やることはまったく同じなので自信が着く。先ずはやってみることだ。

夏用の家と冬用の家をつくる

「夏涼しく、冬温かく過ごすためにはエネルギーが必要」……と誰もが思い込んでいる。エネルギーを使えば地球温暖化が進む。お金もかかる。本当にお金とエネルギーを使わなければできないのだろうか？

お金とエネルギーを使わなくても、夏涼しく冬温かく過ごすことはできる。「夏は涼しい所に住み、冬は温かい所に住む」という方法もある。「金持ちしかできない」と決めつけないでいただきたい。例えばウズベキスタン。平均所得は日本人の三〇分の一くらい……というのが僕の印象だ。決して金持ちではない。でも、ウズベキスタン人は、夏用の家と冬用の家とを敷地内にもっていて、年に二回、引っ越しをする。物を多くは所有しない文化なので、引っ越しには一時間しか要しない。夏用の家は天井が高く、風通しがよく、南側には窓など空いていない。冬用の家は天井が低く、部屋は狭く、窓も小さい。お金とエネルギーを使わないでも、夏涼しく冬温かく過ごしている。ついでに言えば、とても幸せそうだ。

「大きい家を一つ」ではなくて、「小さい家をタクサン」というのは、僕たちのセルフビルド哲学の一つだ。小さい家は頑丈だ。技術が拙くても、小さい家は壊れない。阪神淡路大震災では約二十五万軒が全半壊した（兵庫県資料）が、犬小屋は一軒も壊れなかった……という有名な実話がある。犬小屋は小さかったからだ。

小さい家はつくりやすい。小さい家は安い。「小さい家は割高だ」と建築家は言うが、それはプロの話だ。セルフビルドでは「小さい家は割安」だ。価格を決めるのは材料費と人件費と管理費（営業経費その他）だ。小さければ自分でつくれるので人件費は要らない。小さければ廃材や端材を使えるので材料費は安くなる。

横穴式住居をつくる

ロード・オブ・ザ・リングという映画は有名だ。SFファンタジーというジャンルに入れられるらしいが、まさに現代のメルヘンだと思った。この映画の冒頭にホビットハウスが登場する。主人公フロドが属するホビット族の住居だ。映画を見た方はホビットハウスを「ステキだ！」と思ったに違いない。僕もその一人だ。

ホビットハウスは典型的な横穴式住居だ。南斜面に掘られているから、室内の温度は年中同じだ。撮影現場はニュージーランド北部のマタマタ町なので、年中20℃くらいだろう。地表面から2mも下がれば、温度は一年中・一日中同じだ。地表面の年間平均気温に等しくなる。だから、南斜面の地下は年中温かい。

つまり、横穴式住居は、お金とエネルギーを使わないでも夏涼しく冬温かい家を実現できる方法の一つだ。それなのに、日本には無かった。斜面を横に掘るのは難儀だ。崩れてくるかもしれないし、水も出てきそうだ。お化けも出てきて怖そうだ。だから無かったのだと思う。怖そう……というイメージは、映画のホビットハウスのお陰で払拭されたと思う。怖いどころか、メルヘンの主人公になったような気分になれそうだ。

横に掘るのは確かに難儀だろうが、縦に切り崩すのは簡単だ。写真を見ていただきたい。非電化工房に建設中の横穴式住居のために縦に切り崩した場面だ。床面積30㎡くらいの小さな家だが、縦に切り崩すには手持ちの重機（油圧ショベル）を使った。住み込み弟子が操作して、約二日の作業で切り崩せた。底面を平らに均し、コンクリートのベタ基礎を打つ。その上に鉄筋コンクリートでカマボコ状の家をつくる。家が出来上がったら、土を戻して、もとの斜面にする。入り口は斜面から顔を出すようにする。横穴式住居の出来上がりだ。斜面に降った雨がしみこんで崖崩れにならないように、暗渠（あんきょ）のパイプも埋め込んだ。

建設中の横穴式住居（斜面を縦に切り崩したところ）

コンクリート壁を通して水が浸み込まないように防水処理も施しておく。昔は難儀だったことが、今は容易だ。

気候変動は激しくなる一方だ。冷房負荷も暖房負荷も大きくなる。冷房や暖房にエネルギーを使うと、地球温暖化が更に進む。まさに悪循環だ。悪循環を好循環に切り替えねばならない。再生可能エネルギーの開発・普及のみに答えを求めているのが世界の現状のような印象だが、なにか危うい。「エネルギーを使わない家」を基本に据え直した方がいいと僕は思う。

セルフビルド哲学

「セルフビルドの哲学」をオサライしておきたい。世の中で知られている哲学ではなくて、僕が勝手に唱えている哲学に過ぎない。

①**愉しくやるべし**……愉しくなくては続かない。愉しくなくては幸せになれない。

②**ステキでなくてはならない**……ステキでなければ幸せになれない。

③**簡単な技術でなくてはならない**……難しい技術だと結局はプロ任せ。

④**みんなでやるべし**……一人では建築は辛い。みんなでやれば愉しい。

⑤**安くつくるべし**……安くつくらなくては面白くない。

⑥**居心地をよくすべし**……穏やかで優しい気持ちになれる家をつくりたい。

⑦**修理しやすくつくるべし**……壊れても直せばいい。だから直しやすい家をつくる。

⑧**不健康な家をつくってはならない**……病気になる家をセルフビルドでつくる意味は無い。

⑨**エネルギーをなるべく必要としない家であるべし**……環境持続性に寄与したい。

⑩**小さい家をつくるべし**……小さい家はつくりやすいし頑丈だし、割安だ。

⑪**ゆっくりつくるべし**……急いでつくろうとすると愉しくなくなる。お金もかかる。

以上、十一項目がセルフビルド哲学だ。勝手に唱えている哲学なので、異論もおありだろうが、賛同していただけるならば共有していただきたい。一般に男性や技術系の人は難しい技術を指向する傾向がある。自慢はできるが人は遠ざかる。だから、より高度に……

ではなくて、より簡単に。なるべく早く完成させたい……というのも競争社会で磨かれた指向だが、急ぐとストレスになる。人もついてきてくれない。なるべくゆっくり……というナレナイコトに慣れていただきたい。

完成度の高い家を目指したいところだが、完成度の追求もストレスになる。誰も参加してくれなくなる。もっと気楽につくりたい。完成度の高い家を目指すのではなくて、修理しやすい家を目指す。建築の技を磨くよりは、修理の技を磨く。

安くつくることに知恵の限りを尽くす。解体業者と普段から仲良くしておくというのは、いいアイディアだと思う。デザインに合わせて材料を調達するのではなくて、手に入る安い材料に合わせてデザインする。大豪邸を一つではなくて、素朴な小さな家を複数。セルフビルド哲学は従来の建築の考え方とは異質だ。

5　エネルギーと水をつくる

井戸を掘る

ナイジェリアでは、水が原因で命を落とす子が年に五十万人もいるそうだ。初めに聞いたときは耳を疑った。ナイジェリア大使から直接聞いた話だから、間違いではない。水道や井戸は普及していない。親の一日の収入は一ドル以下なので、ペットボトルの水も買えない。だから子供は水溜まりの水を飲む。しかし赤道直下の国だから水溜まりの水は菌だらけ。子供が命を落とす理由だ。

母親たちと、アッチコッチで井戸を掘ってみた。母親たちはみな働き者だし、子供の命を守ることに真剣だ。声をかけたら、それだけで喜んで踊り始めた。お金はかけない。動力も使わない。男の力も借りない。そういう方法を考えてみた。答えは簡単だ。土は乾いているから固い。水をかければ柔らかくなり、泥水になる。泥水を移動すれば穴があく。空いたところにパイプを差し込めば通水路ができる。これを連続していけば、やがて帯水層にぶつかり、井戸が完成する。誰でも思いつく簡単なことだ。帯水層に当たらなければ場所を移してやり直す。コストはパイプ代だけ。日本円にして五〇〇〇円足らずだ。

やってみたら上手くいった。男の力も借りず、動力も使わないで、五〇〇〇円以下で一日で掘れた。母親たちは涙を流して拝んでくれた。五〇〇〇円は彼女らには高額だが、十家族が共用することにすれば、なんとかなる金額だ。調子に乗ってアッチコッチで母親たちと井戸を掘った。アッチコッチで拝まれた。

こんな簡単なことを何故やらないのだろうか？　不思議で仕方がない。聞いてみたら分かった。アフリカでも日本でも、誰もが「エネルギーとお金を使わなければ井戸は掘れない」と思い込んでいる。グローバリズムの歪みということなのだろうか。本当はできることをできないと思い込まされているみたいだ。

アフリカでやった方法は、もちろん日本でもできる。井戸掘りワークショップを何回かやってみた。「女二人で二日で一万円で井戸を掘る」という、品は悪いけど分かりやすいタイトルにしてみた。数十人が参加する人気メニューだ。自分で掘れるなら、そして安く掘れるなら井戸を掘りたいと考える日本人は意外に多いことに気が付いた。

固い土に水をかけて泥水にする具体的な方法はイロイロある。例えば、高圧洗浄機を使う。直径70㎜長さ2ｍくらいの塩ビパイプを垂直に立てて支える。VU75という塩ビパイプは4ｍで一二五〇円くらいだ。このパイプの中に、高圧洗浄機の先端ノズルを通して、底の方でジェットを噴射する。パイプの底で土が泥水に変わり、やがて、パイプの上端から泥水が流れ出す。パイプを押し込むと軽い力で下方に沈んでいく。パイプの長さ分が沈んだら、ソケットという部品で次のパイプを継ぎ足してゆく。

このやり方は、高圧洗浄機の電力を使うので、アフリカでは使えないが日本でなら使える。一万円くらいの家庭用の高圧洗浄機で十分だ。８ｍくらいで水が出るとすると、パイ

アフリカで掘った井戸

井戸掘りワークショップ（非電化工房内）

プ代は二五〇〇円。水を汲み上げるために直径25㎜くらいの塩ビパイプを使うとすると、VU25というパイプ代が8mで六〇〇〇円ほどかかる。その他のソケット代などを合計しても五〇〇〇円も掛からない。

高圧洗浄機を使わないやり方もある。電力が得られない場合や高圧洗浄機を保有していない場合には、立てたパイプの中に別な棒を通し、底の方で突いたり、かき回したりする。泥水になったら掬(すく)いだす。

日本の水道は老朽化が進んでいる。実は水道に留まらず、道路も橋も鉄道もビルも原発も……すべてが老朽化し始めた。言うまでもなく、高度経済成長に乗って建設された施設が半世紀の耐用年数を超えて老朽化し始めたからだ。高度経済成長時代には建設費は潤沢だが、経済収縮時代の今、修繕費は乏しい。だから水道料金は高くなる。誰もが予想していることだ。井戸を自分たちで安く掘る意味は、これからは大きい。

稲作や畑作を始めたい人も、これからは増えそうだ。ネックはいつも水だ。用水権は多くの場合に利権化しているので、容易には水を手に入れることができない。自分で井戸を掘れれば話は別だ。山林を開拓する場合にもネックは水だ。沢水が近くに無ければ住むことを諦めざるを得ない。自分で安く井戸を掘れれば話は別だ。

自分で井戸を掘れれば、タダ同然で室内を冷房できる。井戸の水は夏でも冷たい。地域や井戸の深さによって異なるが、おおよそ15℃前後だ。井戸水をポンプでくみ上げて室内に送り、ラジエーターやファンコイルユニットなどの熱交換器に通してから井戸に戻す。この方式だとポンプ動力はほんの僅かですむ。熱交換器の表面は冷たくなり、部屋の空気を冷やしてくれる。一般の冷房に比べると熱交換器の面積は大きくなるが、光熱費はタダに近い。なによりも、この冷房は地球を温暖化しない。

てんぷら油の廃油で車を走らせる

天ぷら油の廃油で車を走らせる。エコでカッコイイ。先日もミュージシャンの松谷冬太さんに勧めた。天ぷら油の廃油をもらいながら巡業公演する。車から電力を取り出すこともできる。「いま使っているスピーカーの電力は、この町の◯◯さんからいただいた天ぷら油の廃油で……」などとトークする。いい雰囲気になりそうだ。

車でなくてもいい。定置型のディーゼルエンジン発電機を設置し、天ぷら油の廃油で自家発電する。実は、非電化工房の電力供給の主役は天ぷら油の廃油発電だ。

植物油でディーゼルエンジンを動かす方法としては、ＢＤＦ（バイオ・ディーゼル・フューエル）がよく知られている。天ぷら油の廃油からＢＤＦをつくる、あるいは菜の花を栽培して、菜種油からＢＤＦをつくる。つくったＢＤＦでディーゼルエンジンを動かす。

SVO車

SVO発電所（非電化工房内）

ただし、植物油からＢＤＦをつくるには、メチルアルコールのような薬品を使って、植物油の中のグリセリンを取り除く。僕もたまにやるけど、少しばかり面倒だ。費用も掛かるので、実施する人は少ない。

ＢＤＦではなく、天ぷら油の廃油そのもので車を走らせることもできる。僕のオススメはこちらだ。グリセリンを取り除かないので油は粘っこい。だから寒い時には、ディーゼルエンジンの配管の細いところで詰まってしまう懸念がある。そこで寒い時には、エンジン始動時と停止時だけは軽油に切り替える。つまり、タンクを一つ追加し、追加したタンクには軽油を入れておいて切り替える。このようなやり方はＳＶＯ（ストレート・ベジタブル・オイル）と呼ばれる。パワーも燃費も排気ガス清浄度も耐久性も軽油で動かす場合と変わらない（足利工業大学・根本泰行氏の学術論文による）。

普通のディーゼルエンジン車をＳＶＯが使えるように改造するには、タンクを追加して、切り替えられるようにすればＯＫ。きちんとやれば法律には触れない。簡単にできて、車の燃料代や電力料金をタダ同然にできる。ぜひお薦めしたい。

雨水トイレをつくる

「ウンチとオシッコを流すのに、月に幾ら払っている？」という問には、誰も答えられない。トイレ用も風呂用も洗濯用も炊事用も、まとめて二ヶ月に一回、銀行自動引き落とし。だから、トイレのために幾ら払っているのか、誰も知らない。

しからば、教えて進ぜよう。トイレに使用する水は、月に7.6㎥で、二四六四円。東京都で四人家族の場合だ（都の統計による）。上水道代と下水道代が半々だ。値上がり傾向なので、三年先を予想すれば、月に三〇〇〇円。二〇年で七十二万円。

そこで、「雨水トイレ」というのはどうだろうか。屋根に降る雨水をタンクに溜めておいて、ウンチやオシッコは雨水で流す。平均的な戸建て住宅の屋根に降る雨の量は年に約２００㎥。この45%を使えば、トイレ用の水はタダになる計算だ。

雨水トイレ（非電化工房内）

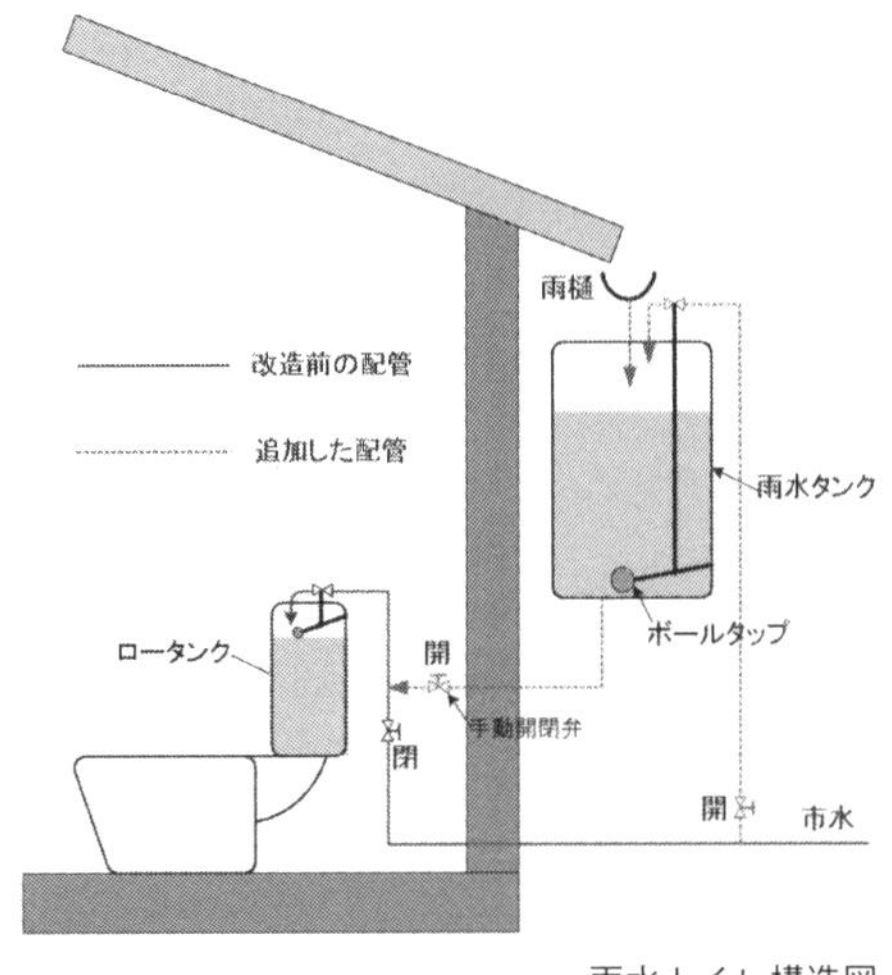

雨水トイレ構造図

現実にはタダにはならない。雨は平均的には降らないからだ。東京都のデータを使って計算すると、80%程度の雨水利用率になる。タンクの容積が1㎥の場合だ。タンクが空になったら、水道水に自動的に切り替わる。この程度の装置はワケなくできる。80%の雨水利用率だとすれば、二〇年間で節約できる水道料金はナント五十八万円だ。

材料費はタンク代を除けば二~三万円程度だ。タンクをまともに買うと一〇万円ほど掛かってしまう。だから、タンク代をいかに安くあげるかがポイントだ。中古の受水槽などがねらいめだ。木でつくって、内側に防水処理を施すという手もある。

日本は水資源が豊富……と思っている人は多い。しかし、それは昔の話。今は水が足りない。これからは、ますます足りなくなる。水道料金も高くなる。そもそも、ウンチやオシッコを流すのに、お金をかけて浄化した上水道の水を使うこと自体が変だ。雨水トイレをつくるのもいいし、風呂や洗濯の排水をトイレに使うカスケード方式も悪くない。いずれにしても、水道代を安くしつつ、環境持続性にも寄与したい。

ストーブをつくる

ロケットストーブつくりが、日本と韓国と米国で小さなブームになった時期がある。二〇一〇年ごろだ。今は飽きてしまってやる人は少ない。ブームになった理由は二つある。

ロケットストーブ

一つめは「ストーブを自分でつくれるのか！」という驚き。いとも簡単にできて、効率も良い。コストも安い。二つめは「ロケットストーブ」というネーミングが受けたこと。昔からあった方式なのだが、米国で「ロケット」と名付けられてからブレークした。ストーブやコンロを使わない若者までがつくった。もちろんつくっても使わなかった。

ブームは去ったが、ロケットストーブの価値が下がったわけではない。ロケットストーブというのは、断熱材で囲ったヒートライザーという筒の中で燃焼させる。燃焼温度は高くなって、高温の空気を押し出す力が強くなる。オンドルのように、高温空気を通す経路が長い場合に有効だ。また、空気を引き込む力も強いので、薪が燃えやすい。この特徴を活かすと、よく燃えるストーブができる。

ストーブではなくてコンロをつくる人が日本ではほとんどだ。ストーブつくりは大変だし、そもそもストーブを使う人は少ないからだろう。だが、ロケットストーブの用途はコンロやストーブだけではない。例えば、ロケットストーブで高温の燃焼空気をつくって石窯に送り込めば、ロケットストーブ式石窯ができる。一般の石窯と違って短時間で温度上昇し、気温が低い時でも使用できる。ロケットストーブ式の五右衛門風呂、ロケットストーブ式焼却炉……など、応用の範囲は広い。自給自足派としては身に着けておきたい技術の一つだ。

広島県三次(みよし)市の荒川純太郎さんは、ロケットストーブの普及に今でも熱心に取り組んでいる。ロケットストーブに関心のある方は、荒川さんが主宰する「日本ロケットストーブ普及会」にアプローチしていただきたい。

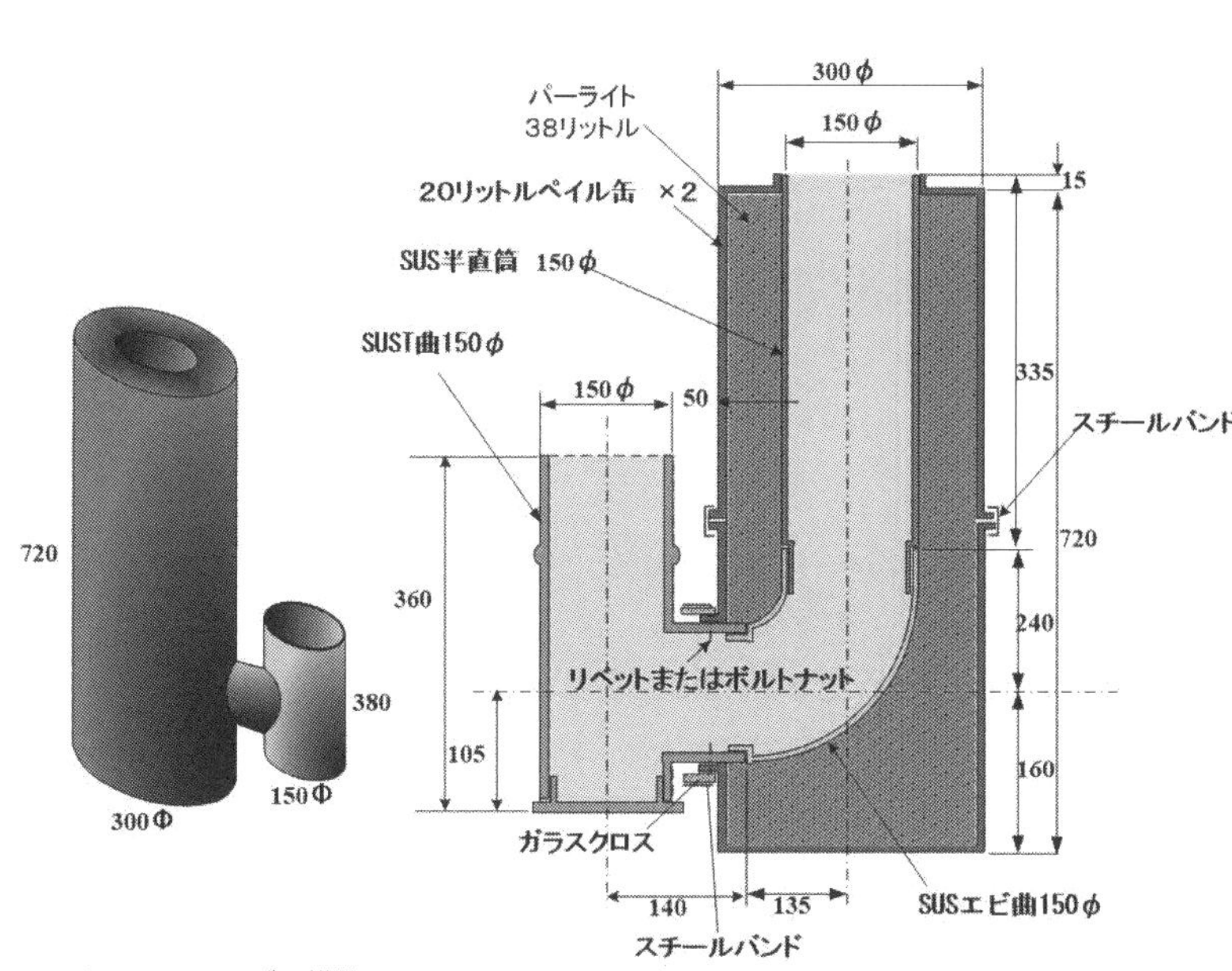

ロケットストーブの構造

薪をつくる

薪ストーブの揺らぐ炎を見ていると心が和む。薪ストーブが存在するだけで、部屋の雰囲気が落ち着く。非電化工房を訪れた人は例外なく薪ストーブを見て羨ましがる。しかし、薪ストーブの普及率は日本では低い。少し古いデータだが、イギリス39%、米国24・4%に対して日本は1.3%に過ぎない（二〇〇四年大阪ガス調査）。薪は再生可能エネルギーだ。日本は有数の森林大国だ。薪ストーブはステキだと皆が言う。なのに、この低い普及率は解せない。

薪ストーブを使わない理由を個人的に調べてみた。理由の一番は設備費が高い。二番は薪が高い。三番は薪割り・火付けが面倒臭い。四番は街中では煙が嫌われる……だった。

設備費が高いのは、薪ストーブ本体が高いのではなく、煙突工事費が高いのだ。薪ストーブ本体は百万円もする高いものもあるが、二～三万円のものもある。煙突工事費は業者にたのむと数十万円も掛かる。自分でやれば、一～二万円ほどでできる。薪を自分でつくれば薪代は安い。薪割り・火付けは、本当は愉しい。面倒臭い……と言うのは、やったことが無い人ばかりだ。街中では煙が嫌われる……というのはどうしようもないが、田舎で薪ストーブを使わない理由にはならない。

さて、薪を自分でつくる。やってみれば案外と愉しい。取り分け薪割りは愉しい。非電化工房住み込み弟子は延べで百人くらいになるが、例外無く薪割りが大好きになった。薪を自分でつくれば、暖房代は安くなる。五右衛門風呂にすれば風呂代も安くなる。

薪をつくる方法が二つある。一つは丸太を森林組合等から買って、チェーンソーで玉切りして、斧で二つに割り、乾燥させる。乾いたら斧で小割して薪が出来上がる。丸太の価格は1トンで一万円くらい。最終的な暖房費は、石油ストーブの半額程度になる。

薪割り

二つめは、丸太を自分で切り出してくる方法だ。僕たちはこの方法を選ぶ。チェーンソーで生木を切り倒す。木の持ち主の多くは間伐ができないで困っているので、タダで間伐してあげると喜ばれる。切り倒した生木を現場で2mくらいの丸太にカットして軽トラで持ち帰る。それ以降は丸太を買った場合と同じだ。違うのは暖房代がタダになることだけ。

薪に限らないが、手をかければかけるほど安くなる。安くなっても辛くなってはまずい。手間と価格と、どの辺で折り合いをつけるのが一番愉しいか、試していただきたい。

ウッドボイラーをつくる

クーラーが家庭のエネルギー消費量のトップ……と思っている人が多い。確かに都会の夏に限ればクーラーがトップだが、全国で年間でとなるとクーラーのエネルギー消費量は4％以下に過ぎない。圧倒的に多いのは暖房と給湯だ。両方合わせると、54％になる（資源エネルギー庁実態調査、二〇〇九年）。但し、このデータには車用のエネルギーは含まれていない。

だから、家庭のエネルギー消費量を減らすには、先ず一番に暖房と給湯のことを考えたい。考えることが二つある。一つは暖房・給湯の負荷（消費量）を減らすこと。二つめは暖房・給湯のエネルギー供給を、環境にも財布にも優しい形態にすることだ。

暖房の負荷を減らす方法はタクサンある。家をパッシブソーラーハウスにするのもいいし、ウズベキスタンのように冬用の家を用意するのもいい。横穴式住居も悪くない。付け窓をつくって二重窓に変える手もある。給湯の負荷を減らす方法もタクサンある。浴槽にスチレンボードを浮かせておくだけで湯が冷めにくくなる。捨てる湯から熱を回収すると負荷を半減できる。

暖房と給湯のエネルギー供給を環境にも財布にも優しい形態にする方法もたくさんある。太陽熱温水器は優等生だ。太陽の熱をそのまま水を温めるのに使う。理に適っていてシンプルだ。日本は世界に冠たる太陽熱温水器大国だったが、それは昔の話。一九八九年に12・8％だった世帯普及率は二〇一四年には3.8％まで下がった（総務省統計）。普及率が下がった一番の理由が「カッコワルイ」だというから驚く。あと十年は使える太陽熱温水器が撤去されることが多い。中古市場に出回っているので、安く購入して、屋根の上ではなく、地面の上で使うと、設置は自分で簡単にできる。

ウッドボイラーもいいと思う。ウッドボイラーというのは、木を丸太のまま放り込めば水をお湯に沸かしてくれる。シンプルな機械なので、自分でつくることもできる。金属板加工が苦手な方は地元の板金屋さんに頼んでもいい。出来上がったものを購入してもいいが、数十万円を要するので、大型施設でないと経済性が合わない。

自分で間伐すれば、丸太はタダで手に入る。森林組合から購入しても、石油給湯器や石油ボイラーの半額程度のコストに収まる。建築廃材なら、1～2mにカットするだけで使える。燃料費はタダになる。言うまでもなく、木材は再生可能エネルギーだ。地球環境に悪さをしない。

家庭用のエネルギー消費の過半を占める暖房・給湯を、タダのように安く供給でき、環境にも負担を与えない。ウッドボイラーをぜひお薦めしたい。

浄水器をつくる

日本の水道事情は良くない。水質がますます悪くなっているので、処理にお金が掛かり過ぎる。だから水道料金が高い。これからは更に上がる。しかも美味しくない。塩素（正確には次亜塩素酸ソーダ）を混ぜ過ぎるからだ。

だから、浄水器が普及した。家庭用の浄水器の普及率は約38%だ（二〇一五年日本浄水器協会）。ホームセンターに行けば、名だたる大企業製がズラリと並んでいる。なにも今さら自分でつくる必要は無い……と思うかもしれないが、そうでもない。

本格的な浄水器は一〇〜三〇万円する。年に約一万円のカートリッジ代がプラスされる。二〇年で計算すると、ざっと四〇万円だ。何年か使った浄水器を分解してみると、器やホースの中がヘドロのような状態になっていて驚くことがある。中で微生物が繁殖しているからだ。その微生物を取り除くためのプラスチック膜が追加されているものもあるが、その膜から出てくるマイクロプラスチックが心配だ。

写真の浄水器を見ていただきたい。「がらすびん浄水器」だ。ホームセンターで手に入る材料だけでつくってみた。自分でつくれば、材料費二万円程度で済む。カートリッジ交換は不要だから二〇年で計算しても二万円。大企業製のものの二〇分の一だ。ならば、性能も二〇分の一以下かというと、そんなことはない。浄水器が化学物質を取り除く性能は、大ざっぱに言えば中に入っている活性炭の量で決まる。写真のがらすびん浄水器は、活性炭を多分日本一たくさん入れてある。化学物質除去性能が低いはずがない。

がらすびん浄水器

せっかく自分でつくるのだから、大企業ではできないことをやりたい。例えば、ホースも瓶も透明にしてしまう。中で不衛生なことが起きていれば一目瞭然だ。実は、がらすびん浄水器は、時々熱湯消毒する。瓶の蓋を緩めて、薬缶一杯の熱湯を注ぐ。夏は二週間に一回、冬は二ヶ月に一回程度だ。これをサボると、ホースや瓶の中は黒や褐色や緑になる。その場合は、ホースや活性炭だけを交換する。三〇〇〇円程度の出費だ。

時々熱湯を注ぐのは面倒くさい。面倒くさいけど、自分たちの安全を自分で守ることができる。お金もかからない。つまり。知性が要求される。こういうものは大企業では困難だ。ガラス瓶も企業は嫌う。しかし飲み水にはプラスチックの使用はなるべく避けたい。大企業でもできないことが、自分でつくれば可能になる。そういうことは意外に多い。自給自足の醍醐味だ。

6 美味しさをつくる

ワインをつくる

自分でつくったワインは美味しい……と言うと、手前味噌と揶揄されるかもしれないが、そうでもない。本当に美味しい。ビンテージもののワインよりも美味しい。ただし美味しさの種類が異なる。ビンテージもののワインは、いろんな薬草を調合して、凝りにこった美味しさを名人たちがつくり出す。有難くいただかなくてはならない。酸化防止のために硫酸亜鉛を混ぜたりする。大袈裟に言うと人工的な美味しさだ。

自分でつくったワインは、混ぜ物は一切しない。名人好みではなくて自分好みにつくる。つまり、オーダーメイドの自然な美味しさだ。先日もある女性（特別な関係ではない）に僕がつくった赤ワインをご馳走した。アルコール度は低めに押さえて、フルーティーさを思い切り強く、甘みもやや強く、発酵中でスパークリング気味のワインにして、冷やして差し上げた。その女性の好みを推定してのことだ。推定は的中したようで、目を潤ませて感激してくれた。特別な関係になりそうな雰囲気になった。

ワインはブドウからつくる……のはワイナリーのやり方。僕たちはグレープジュースからつくる。糖度が高く、フルーティーなオーガニックジュースを手に入れる。そういうジュースは国産でも輸入品でも存在する。そのジュースに酵母を入れ、蓋を緩めにして、常温で放置する。一週間ほどで、美味しいワインが出来上がる。

培養中の酵母

酵母も自分で育てる。僕のやり方は「蜂蜜レモンティー法（自称）」だ。３００ccくらいのガラス瓶に思い切り苦い紅茶と、レモン一個分の搾り汁と、大匙四杯くらいの蜂蜜を混ぜ、ガラス瓶ごと沸騰させる。冷めるまで待って、そこに加熱処理していない干しブドウを30ｇほど入れる。加熱殺菌した蓋を緩く締め、常温で放置する。寒い時期には28℃前後に保つように温める。一週間もすれば、干しブドウから炭酸ガスの泡が出始める。酵母の増殖が活発な時には、泡が音を出しながらシャワーのように吹き上がる。

空気中にはいろんな菌が浮遊していて、落下してくる。干しブドウの表面も、手指も、スプーンも、吐く息も菌だらけだ。こういう雑菌をなるべく入れないようにしつつ、酵母だけが活発になるようにするのが唯一の秘訣だ。慣れれば上手くできる。こうして培養した酵母をグレープジュースに混ぜる。後は待つだけ。タイミングを選べば自分好みの絶品のワインを堪能できる。

麹（こうじ）をつくる

自分で味噌をつくる人は多いが、ほとんどの人は大豆と麹と塩を買ってくる。麹を買ってくれば、味噌のつくり方は簡単だ。大豆を煮て潰し、麹と食塩を加えて混ぜる。容器に入れて寝かせておけば、数ヶ月後にホドホド美味しい味噌が出来上がる。大豆と麹の量は一対一にする。なぜかは知らないが、みんなそうする。食塩の量だけは変える。食塩の割合が多いと辛口、少ないと甘口というわけだ。

この方法だと、材料費は四二〇円／kgくらい。味はホドホドの市販品（五〜六〇〇円／kgくらい）くらい。因みに、格安味噌は三〇〇円／kgほどだ。

ならば、高級味噌（一五〇〇円／kgくらい）よりも美味しい味噌が格安味噌のコストで出来たらどうだろうか。自分でつくる喜びが大きくなる。どうすればよいかというと、麹を自分でつくって、タクサン混ぜればいい。麹は買うと高いから（千数百円／kg）少ししか混ぜないが、自分でつくればタダのように安いので、麹をタクサン混ぜる。麹をタクサン混ぜると美味しい。高級味噌が美味しいのは麹の量が多く、塩の質が高いからだ。

米麹

塩の量が少ない味噌を甘口味噌とよく言うが、そうではなくて麹の量が多いのが本当の甘口味噌だ。大豆と麹の重量比を一対一ではなく、一対五にする。塩も普通の工業製品（一〇〇円／kg）ではなくて天然塩（二〇〇〇円／kgくらい）を奮発する。これで高級味噌よりも美味しい味噌が格安味噌のコストでできる。

こうしてつくった味噌は本当に美味しい。味噌汁も美味しい。毎朝いただく味噌汁が美味しいというのは、日本人でないと理解できない幸せだと思う。大豆も麹用の米も、自家栽培だと満足度が更に高くなる。

麹をつくるのは難しくない。蒸米に種麹を少し（0.2％くらい）だけ混ぜ、あとは温度管理をするだけでいい。種麹は出来上がり麹15kg用を二〇〇円くらいで購入できる。麹があれば味噌以外にも、醤油・甘酒・べったら漬け・調味料としての塩麹などイロイロできる。甘酒のことを甘麹とも呼ぶが、甘麹スイーツは、卵・牛乳・白砂糖を使わないでも美味しい。ビタミンや乳酸菌もたっぷりなので健康的だ。多めに食べてもいいと思う。スイーツを健康を気にせずたっぷり食べられるのは、日本人でなくても理解できる幸せだ。

タンドールをつくってナンを焼く

インド料理店にはタンドールを必ず置いてある。タンドリーチキンを焼いたり、ナンを焼く窯だ。タンドリーチキンはオーブンでも焼けるが、タンドールで焼いた方が格段に美味しい。ナンはフライパンでも焼けるが、タンドールで焼いた方がはるかに美味しい。なぜタンドールで焼くと美味しいのかというと、窯の内壁からの遠赤外線効果だろうと説明されている。真偽のほどは定かではないが、美味しいことは間違いない。

タンドールをつくるのは難しくはない。焼き芋やパン焼きなど、応用の範囲が広いので、この技術を自給生活のメニューに加えておくのも悪くない。タンドールを簡単につくるには、素焼きの植木鉢を買ってくる。自分で焼いてつくってもいいが、買って

タンドール

きた方が楽だ。

植木鉢は大と小の二つを買う。大の中に小を入れると、2～5㎝の隙間ができる組み合わせを選ぶ。隙間には500℃の高温に耐える断熱材を詰める。断熱材としては、パーライトの粒が安い上に使いやすい。隙間の上端は耐火モルタルを被せておく。

植木鉢には底に穴があいているので、この穴を吸気口として利用する。穴に鉄の筒を通しておく。あとは蓋をつくるだけ。窯の中の温度を調整するために、蓋は必須だ。500℃に耐えるものならなんでもいい。僕たちは、厚さ10㎜のケイカル板（ケイ酸カルシウムボード）をトタン板で囲ったものをつくる。ただの鉄板でもいいのだが、使っている内に反ってくるので、反り止めの骨を添えておくといい。

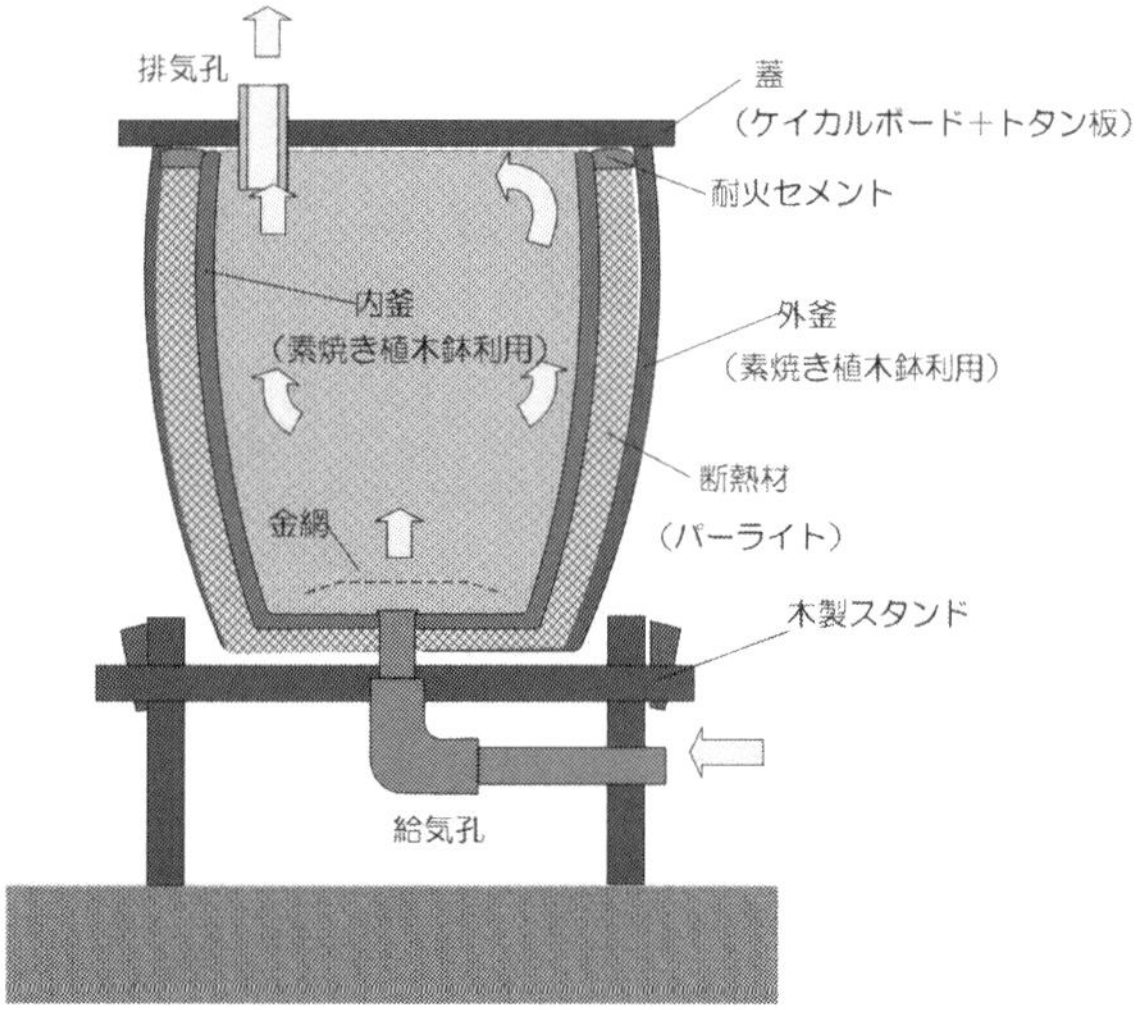

タンドールの構造

タンドールの底によく熾(お)きた炭を入れる。炭を扇ぐための団扇か鞴(ふいご)も用意しておきたい。ナンやタンドリーチキンのレシピはネット等で探していただきたい。焼きたてのナンやタンドリーチキンは本当に美味しい。野外で焼きながらみんなで食べるとなおさら美味しい。ついでに言うと、ビールとよく合う。イベントに参加して、焼きたてのナンとスパイスカレーのセットを一人前千円くらいで販売すると、必ず行列ができる。

石窯をつくってパンやピザを焼く

松崎和敬さんは里山を再生したり、子供たちの自然体験ツアーを先導したりで忙しい。八〇才を過ぎたのに、毎日のように飛び歩いている。松崎さん率いる「NPOいわきの森に親しむ会」には、百人くらいの会員が集うが、平均年齢がすこぶる高い。「一番の若手」と紹介された方は六十五才だった……と、ここまでは、よくある話だ。なにしろ、環境に関わる団体は約一万五千もある（環境省二〇〇〇年）のだから。

松崎さんたちの活動がユニークなのは、活動の中心に石窯が座っていることだ。男たちは朝から森に入って、間伐などに精を出す。その間に女たちは石窯に火を入れ、ピザの準備をする。やがて昼どき、男たちが帰還するタイミングに合わせてピザが焼きあがる。アツアツのピザを頬張りながら石窯広場で語り合う姿は優しさに満ちている。松崎さんたち

非電化工房の石窯

は、「これ（ピザのこと）が愉しみでやっている」と口を揃えて言う。松崎さんたちの活動は二〇年も続いているのだが、長続きの理由は愉しんでいるからだ。そして愉しみの中心に石窯がある。

石窯は存在感がある。そこに石窯があるだけで豊かな気分になる。もちろん、焼きたてのパンやピザは美味しいのだが、石窯の周りで、みんなで食べると格別に美味しい。みんなで汗を流した後に食べると最高に美味しい。非電化工房ではワークショップの昼食に石窯で焼きたてピザを焼くことがある。美味しさと愉しさで、午後の作業をよく忘れる。

石窯には二層式と一層式がある。二層式は焼き床（パンを焼く台）と火床（薪を燃す台）が二層になっているので、パンやピザを連続して焼き続けられる。火加減も調整しやすい。一層式は焼き床と火床が兼用になっている。焼き床兼火床で薪を燃す。窯全体が熱くなったら、薪を隅に寄せて、真ん中でパンやピザを焼く。連続して焼くことはできないが、窯全体の温度が均一になっているので、美味しいパンやピザを焼ける。

石窯制作を専門業者に頼むと数十万円かかる。屋根まで頼むと百万円くらいになる。自分たちでつくれば屋根まで含めても十万円以下でできる。コンクリートやコンクリートブロックで腰高の土台をつくる。その上に耐火セメントで焼き床兼火床をつくる。この床の上に耐火セメントでドームをつくり、ドームの周りに耐火レンガを積み上げる。つくり方の詳細は、例えば『自分でできる！レンガワーク（学研ドゥーパ）』などを参照していただきたい。石窯を制作して、松崎さんのように人生をフルにエンジョイしていただきたい。

ルバーブジャムをつくる

ルバーブジャムは美味しい。爽やかな甘酸っぱさが独特だ。非電化工房ではルバーブを栽培し、ルバーブジャムをつくって人にプレゼントすることが多い。とても喜ばれる。

ルバーブは、蕗(ふき)に似た野菜だ。酸味が強すぎるし、繊維質で口当たりが悪い。ヨーロッパ人が好んでサラダにするというから真似してみたが、こりごりした。ところが、この強い酸味がジャムにすると生きてくる。レモンやクエン酸を加えないでも、砂糖だけでステキな甘酸っぱさになる。繊維は熱を加えると溶けるので、ジャムにすれば気にならない。

ルバーブの栽培は簡単だ。種蒔きから始めてもいいし、株分けした苗の植え付けから初

ルバーブジャム（左）とカボチャジャム

めてもいい。多年草なので、冬には枯れるが春になれば芽が出て茎が伸び葉が大きく育つ。

寒冷地を好むので、非電化工房がある那須町は最適だ。肥料は与えた方がいいが、与えなくても毎年よく育つ。菜園の一角はルバーブだらけだ。

ジャムのつくり方も簡単だ。ルバーブの茎（葉柄）を1〜2cmに切り、きび砂糖と混ぜて二時間おいてから鍋に入れて、弱火で二〇分ほど煮込む。緩くかき混ぜながら、時々灰汁（あく）を掬（すく）い取る。以上終わり。栽培も調理も簡単なのに美味しい。申し訳ないような話だ。

カボチャジャムも美味しい。非電化工房のカボチャジャムはフランス人のサミュエル直伝のレシピだ。サミュエルは非電化工房に短期間住み込み弟子入りした青年だ。旬の美味しいカボチャを茹でて潰し、砂糖と混ぜて鍋に入れ、弱火にかける。酸味は白ワインのみを使う。ゆっくりかき混ぜながら数時間煮込む。サミュエルはラジオで音楽を聴きながら、首を振りながら、五時間もかき混ぜ続けていた。フランス人は偉いと思った。

薄く焼いたクレープ全面にカボチャジャムを薄く塗り、折り畳んで食べると絶品だ。紅茶とセットにするのがいい……というのは個人的な意見だ。

カボチャは収穫してから一年くらいはもつのだが、美味しさの賞味期限は三ヶ月以下だ。刻んで冷凍保存すれば美味しさを維持できることを知ってはいるが気が進まない。一番美味しい時期にジャムにしておけば、美味しさを一年くらいは保てる。ただし、蓋を開ければすぐにカビが生える。

だから、ジャム瓶は100ccくらいの小瓶がいいと思う。蓋を開けたら必ず食べきる。これがジャムを愉しむ秘訣だ。合成保存料は入れない。冷蔵庫には保存しない。これがジャムをつくる者の意地というものだ。

7 健康をつくる

蚊取り線香をつくる

蚊に刺されるのはいやだ。痒くてたまらない。だから蚊取り線香を使う。蚊取り線香は天然の除虫菊の粉とタブ粉（タブの木の粉）を混ぜただけで、合成添加物は入っていない。除虫菊のピレトリンという成分は蚊の神経系に作用して蚊をしばらく気絶させるが、哺乳類の体内に入ると速やかに分解され、短時間で体外へ排出されるので、安全性には問題ない……というのは昔の話。

今の蚊取り線香のほとんどは天然ではなくて化学合成物だ。ピレトリンと似た作用のピレスロイドを化学的に合成して主成分とし、着色剤や防腐剤を添加してつくられる。強力だから蚊を殺してしまう。液体式の電気蚊取り器の有効成分もピレスロイド系殺虫剤だ。匂いがしないので、過剰使用の懸念がある。防虫スプレーの有効成分はディートだ。米軍が兵士用に開発したもので、米国では使用上の厳しい注意喚起がなされている。日本子孫基金の小若順一さんは大学との共同研究で、ディートに強い突然変異性があることを突き止めている……などなど、心配な話が多い。厚生労働省から安全と認められた商品を十全の根拠なく危険と断定することはできないが、心配は拭えない。

ならば、いっそのこと、自分で蚊取り線香や防虫スプレーをつくってしまってはどうだろうか。幼児にも安心して使えるものを、みんなで愉しみながらつくる。ついでにオシャレにしてしまうのも悪くなさそうだ。

手作り蚊取り線香

蚊取り線香をつくるのは簡単だ。天然除虫菊粉とタブ粉を買ってきて、同量混ぜ、水を加えて練る。成形して乾燥すれば、蚊取り線香の出来上がりだ。天然除虫菊粉は一キロあたり一五〇〇円くらいで購入できる。タブ粉は一キロ五〇〇円くらいと高額だ。タブ粉の替わりにコーンスターチを使ってもいい。これなら一キロ千円以下で手に入る。効果はタブ粉でつくった蚊取り線香と遜色ない。天然香料を混ぜるとお香を兼ねられる。

天然除虫菊を育てて、除虫菊粉までつくってしまってもいい。除虫菊は春に種をまくと、翌年の夏に花が咲く。白い綺麗な花だ。花を採取して乾燥させてパウダーにする。苗のままでも防虫効果はあるので、鉢植えにして窓際に置いたり、コンパニオンプランツとして野菜のそばに植えるのも面白い。子を持つ母親たちと一緒につくるのもいいと思う。子の安全を守ることに母親は真剣だから。

薬草酒をつくる

薬草酒と聞くと「養命酒のことか」と思うかもしれない。それほどに日本では養命酒の知名度は高い。世界的にはフランスのベネディクティンという薬草酒の方が知名度が高い。養命酒もベネディクティンも、どちらかというと虚弱体質の人向けの強壮薬だ。万人向けという点では、大企業が得意とする分野と言えよう。

万人向けではなくて「あなただけ向け」は、大企業は苦手だ。中小企業だって苦手だ。自給派やスモールビジネスには向いている。どうすれば「あなただけ向け」になるかというと、体質や病状ごとの薬草酒にすればいい。

例えば高血圧には松葉酒。焼酎1.8ℓに赤松の葉を200g、蜂蜜と氷砂糖を75gほど混ぜる。三ヶ月もすれば飲用できる。例えば風邪にはキンカン酒、胃のもたれ・胸やけにはダイダイ酒。冷え性・貧血にはサフラン酒、不眠症にはクコ酒……という具合だ。これらの材料は簡単に手に入る。つくり方も簡単だ。だから、いま直ぐにでも始められる。その割に効能は優れている。入門篇といったところだ。

杜仲茶（とちゅうちゃ）がブームになったことがある。杜仲という木の葉を煎じたものだ。同じ杜仲の樹皮からつくった薬草酒がトチュウ酒。腰痛、足腰の倦怠感（けんたいかん）解消、頻尿（ひんにょう）、肝機能・腎機能の強化、高血圧に効果があるとされる。非電化工房でも杜仲の木を育てている。苗木を千円で買ってきて植えておいた。三年で３ｍほどの丈に育った。葉を煎じて飲めるようにはなったが、木の皮で杜仲酒……は再来年くらいの愉しみだ。

この辺までが入門篇。難しい中級篇や上級篇もあるが、入門篇に留める方が自給派向きだ。いきなり中・上級を目指すと挫折する。先ずは入手しやすい材料で簡単につくる。ただし、思い切り美味しくする。例えば、ニンニク酒。1.8ℓのホワイトリカーにニンニク４００ｇ、氷砂糖２００ｇを入れて、五ヶ月もすれば飲用できる。疲労回復や冷え性に効く。滋養・強壮にも効く。簡単だ。しかしマズイ。

そこでショウガ60ｇとレモン三個と蜂蜜２００ｇを追加する。レモンは二ヶ月後には引き上げる。五ヶ月後には美味しく飲用できる。この程度の知識は、ちょっと調べれば直ぐに修得できる。あとは試行錯誤を繰り返せばいい。

一升瓶に容れて保存し、毎日20ccほど飲む……では困る。田舎のジイサンみたいだ。１００～２０００ccの美しい小瓶に容れて、オシャレなラベルを貼る。一〇種類くらいの薬草酒を美しいラックに並べて壁にかける。ここまでオシャレに、そして美味しくすると、薬草酒を飲みたくてたまらなくなる。早く病気にならないか……などと期待したりする。すると不思議なことに病気が近寄らない。身体との付き合い方は、このようでありたい。

健康塩をつくる

塩が無くては生きてゆけない……と思っている人が多いが、ナトリウムが無ければ生きてゆけないというのが正しい。食塩、すなわち塩化ナトリウムの主成分がナトリウムであることから生じた誤解だ。ついでに言うと、カリウムがなくても生きてゆけない。身体中に三十八兆個とも六〇兆個とも言われる細胞の中に水や酸素や栄養を送り込むのがナトリウムの仕事、細胞の中から炭酸ガスや老廃物を押し出すのがカリウムの仕事だからだ。ナトリウムは血圧をあげ、カリウムは血圧を下げる作用がある。その上に、ナトリウムは貯まりやすく、カリウムは排出されやすいのでバランスが悪くなりやすい。「食塩の過剰接収は高血圧の原因」とされる所以(ゆえん)だ。だから、工業的につくられた食塩よりは、カリウムやマグネシウムなどのミネラル成分が豊富な天然塩の方が好まれる。味も良いが高価だ。

カリウムが豊富な塩を自分でつくるのは難しくない。お薦めしたいのは、「桑塩」と「スギナ塩」だ。先ずは「桑塩」から。桑の葉に含まれるミネラル分の量はすごい。桑の葉100g中に、カリウムは2500mg、カルシウムは3370mg、水溶性の食物繊維は39000mg（日本食品分析センター）。カリウム含有食品の代名詞となっているバナナのカリウム成分は360mgという数字と比較すると桑のすごさが分かる。

　桑塩のつくり方は簡単だ。桑の葉を乾燥して粉にする。乾燥度が低くて細かい粉になりにくい場合は中華鍋で軽く炒めてから粉にする。桑の葉パウダーの出来上がりだ。桑の葉パウダーと食塩あるいは天然塩を混ぜてから鍋で炒る。桑塩の出来上がりだ。

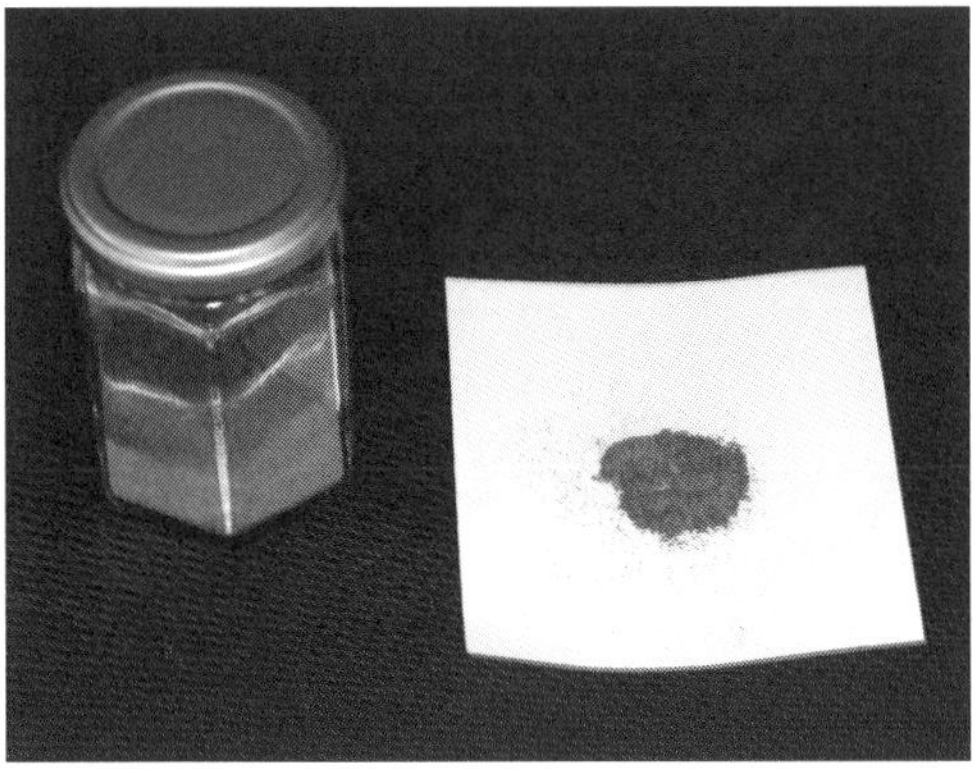

桑塩

　スギナも桑の葉に負けない。100g中に含まれるカリウムは3620mg、カルシウム1940mg、マグネシウム300mg（スギナ生化学研究所一九八八年分析）というから驚きだ。ミネラルの宝庫と言っていい。スギナ塩のつくり方は、桑塩のつくり方と同じだ。乾燥してから粉にし、食塩または天然塩と混ぜてから鍋で炒る。

　韓国は塩の種類が豊富だ。一番有名なのは竹塩だ。

日本でも輸入されて売られている。海から採った塩を竹筒に入れて、竹筒ごと焼く。すると、竹に含まれるミネラル分が混ざった竹塩になる。これを何回も繰り返す。繰り返す事にミネラル分の濃度が上がる。上がるのはミネラル分だけではない。価格も上がる。一〇回以上焼いた竹塩は、100gで一万円もする。

韓国では、数種類の塩が常備されていて、料理の種類や個人的な好みに応じて塩を使い分けしている。見習いたい文化だ。

薬草を栽培して薬草茶を愉しむ

妻は薬草をせっせと栽培する。農場の面積の10％は薬草に占められている。栽培してどうするかというと。薬草茶を淹れて喫んだり、スパイスとして料理に使ったり、クッキーをつくったり、餅をつくったり、薬をつくったり、石鹸をつくったりする。トゥルシー、レモングラス、アンティチョーク、杜仲、桑、五味子、ペパーミント、アップルミント、フェンネル、カモミール、エルダーフラワー……などなど。野草に近いものも採取してくる。カキドオシ、ヨモギ、ドクダミ、スイカズラ、葛……などなど。

薬効のこともよく知っていて、「杜仲茶は肥満を防ぐから飲みなさい！」と言う。「全然太っていないから要らない」と断ると「血圧を下げるのに効果があるから飲みなさい！」

と、結局飲まされている。「桑の葉茶は血糖値を下げる効果があるから」と飲ませようとするので、「血糖値はいつも正常だから要らない」と言うと、「あなたは甘いものをタクサン食べるから、飲んでおいた方がいいの！」と、結局飲まされている。

トゥルシー栽培（非電化工房内）

薬草文化は、日本や中国は「漢方薬」という形で専門家の手にわたり、僕たちの生活から離れた。韓国では、薬草が生活に根付いている。例えば、ソウル市内のカフェのメニューには、コーヒーやチョコレートパフェと一緒に薬草茶が数種類、必ず含まれる。韓国では薬草茶ではなく伝統茶と呼ばれる。オミジャ茶（五味子茶）、サンファチャ（双和茶）、トングルレー茶（あまどころ茶）などなどだ。オシャレな薬草カフェも多数ある。薬草カフェでは二〇種以上の薬草茶や薬膳スイーツがメニューに並ぶ。ヤンニョンシージャン（薬令市場）に行くと、見渡す限りすべて薬草店だ。一般の食品市場にも、わけの分からない木の根など、料理に使う薬材が溢れている。

薬草文化はいいと思う。これらの薬草は、免疫力や自然治癒力を高めることを基本に据えている。そして長い時間の経験で裏打ちされている。子供が風邪を引いただけで抗生物質を処方する文化、次々に新薬が開発されて商業化される文化とは対極だ。

漢方薬店で漢方薬を処方してもらうことを否定はしないが、それでは愉しみが無い。自然の恵みで生きる喜びも希薄だ。もう一つの選択肢は自分たちで薬草を育て、自分たちで処方し、自分たちの免疫力や自然治癒力を高める。経験を交換し合い、育てた薬草も交換し合う。美味しいレシピも交換し合う。健康をみんなで、愉しくクリエイトする。自給自足の醍醐味だ。

薬膳スイーツをつくる

妻は薬草茶をつくるのが好きだが、薬膳スイーツをつくるのも好きだ。前述のトゥルシーを使ったクッキーは評判が好い。乾燥させたトゥルシーの種を粉にして小麦粉に混ぜ、砂糖と油と水を加えて練り上げ、カットしてオーブンで焼くだけでいい。

非電化カフェのメニューにも薬膳スイーツが並んでいる。例えば「薬膳ヨーグルト」。カップの底には自家栽培の桑の実ジャムを沈ませる。その上には自家製ヨーグルトにミスカル（韓国製の穀物粉）ときび砂糖を混ぜて練った「ミスカルヨーグルト」を乗せ、さらに何も混ぜない自家製ヨーグルトを乗せる。クコの実・松の実・くるみ・山査子(さんざし)・カボチャの種・干しブドウなどの「ナッツ十種」をトッピングとして上面に美しく散らばらせる。以上で「薬膳ヨーグルト」の出来上がり。

オリジナルメニューだが、評判は好い。穀物粉は国産品も試してみたが、韓国産には敵わなかった。韓国産も一〇種類くらい試して特に美味しいのを選んだ。ジャムもなんでもいいというわけではない。ヨーグルトとの相性は桑の実ジャムが格段によいと思う。

妻の最近のチャレンジは「薬膳あんみつ」だ。定番の「寒天・あんこ・赤えんどう豆、黒蜜」は迷わず採用したが、少しこだわる。寒天は普及率の高いオルゴノリ粉末寒天ではなくて、テングサ天然寒天を選ぶ。寒天は水溶性の植物繊維が100g中に1500㎎も含まれている。黒蜜も黒砂糖を煮詰めてつくる。粗糖入りの黒糖は使わない。黒砂糖はミネラルたっぷりだ。100g中にカリウムは1100㎎(白砂糖は2㎎)、カルシウムは240㎎(同1㎎)、鉄分は4.7㎎(同0㎎)……とスゴイ。

あんみつの定番素材の、「さくらんぼ、ミカンの缶詰、白玉団子」は採用しない。替わりに白キクラゲ・蓮の実・クコの実を加える。健康に良いものばかりだ。妻の悩みは、ソフトクリームを加えるかどうかだった。ソフトクリームを乗せた方が美味しいのだけど、「薬膳」にふさわしくないイメージがある。しかし、ソフトクリームを外すと寂しい。

薬膳ヨーグルト

僕のアドバイスはこうだ。ソフトクリームが良くないのではなくて、「添加物だらけ」がよくない。ソフトクリーム製造機はソフトクリームミックスという材料を使うことになっているが、添加物だらけだ。しかし、純粋の牛乳と生クリームと糖分だけでソフトクリームをつくることは難しくない。このアドバイスで妻の悩みは解決した。妻は更に工夫を加えて「雑穀ソフトクリーム」を生み出してしまった。薬膳ヨーグルトで使ったミスカルを使う。「薬膳あんみつ」が、非電化カフェのメニューに加わる日は近い。妻の傑作（?）を試していただきたい。傑作と認めたら、つくり方を尋ねて、自分でつくってみていただきたい。

陽香ちゃんの野草納豆

久保陽香ちゃんの納豆は「野草納豆」だ。ユニークな納豆なので有名（?）だ。先日も

ＮＨＫのテレビ取材を受けていた。陽香ちゃんはつい先日まで非電化工房の住み込み弟子だった。大学を休学して自立修行に一年間励んだ。

陽香ちゃんの「野草納豆」は僕から教わったのではなく、彼女のオリジナルだ。野草を採取してきて、葉についている納豆菌を活かす。野草の味と香りもわずかに納豆に移るので、味と香りがよい草を選ぶ。もちろん毒のある野草は避ける。葉の裏面が毛羽立っている方が納豆菌の付着がよい。納豆づくりに、野草探しという愉しさが加わる。

僕たちがいつもつくるのは藁苞（わらづと）納豆だ。有機稲作をやっているので、無農薬の藁には事欠かない。藁には納豆菌が住み着いている。実は納豆菌は、藁や野草が生み出すのではなくて、土の中に住み着いている納豆菌が、土埃に乗って藁や野草に引っ越しただけだ。もちろん、他の菌もたくさん運ばれて、たくさん付いている。

納豆菌は特殊な菌で、薄くて硬い殻で包まれている。こういう菌を芽胞菌（がほうきん）と言う。芽胞菌は一般の菌と異なって熱に強い。１００℃でも死滅しない。そこで藁や野草を熱湯で煮沸すると、納豆菌だけが残って、他の菌は死滅する。ついでに言うと、芽胞菌は酸にも強いので、胃液にも負けないで腸まで届く。胃液はＰＨ３の強い塩酸で、菌を殺して腸まで届かないようにする役割を担っているが、納豆菌だけは通過してしまう。幸いに納豆菌は善玉菌なので、腸を好ましい状態に保つ役割を担う。一つの種類の微生物が活発な時には他の種類の微生物はおとなしくなってしまう……というのは微生物の特徴だ。だから納豆を毎日食べていると、腸の中は善玉菌だらけになる。日本人が健康で、長命な理由の一つだと、よく言われる。僕もそう思う。

煮た大豆を、煮沸した藁や野草でくるんで、温かく保つ。40℃くらいに保てば、二～三日で納豆が出来上がる。温度が低くても、時間をかければ出来上がる。温かく保つには、ガラス瓶にお湯を入れて布団でくるむとか、炬燵（こたつ）を使う……など、なんでもよい。僕たちは、発酵槽を自作して持っている。設定した温度を自動的に保ってくれて便利だが、工業的で味気ないので、あまり使わない。

納豆づくりは意外と奥深い。黒豆納豆は見るからに健康そうだ。味は変わらない。枝豆納豆はさわやかな味がする。見た目も美しい。食べ方もイロイロ。僕の好みは、冷やした納豆に、刻んだネギと辛子も加えてよくかき混ぜた後で、大根おろしをたっぷりと加えて軽く混ぜ、減塩醤油をふりかけた「越前納豆」だ。「越前」は勝手につけた名前で、福井県の人に教えてもらったわけではない。イイセンいっていると思うのでお試しあれ。

8　丁寧に暮らす

山羊と暮らす

連れ合いのクララを病気で失ってから、ペーターは寂しそうだ。ペーターというのは僕たちが一緒に暮らしている雄山羊だ。ムック（コーギー犬）と同じ年（二〇一三年）に生まれた。ムックとも鶏たちとも仲良しだ。アースバッグハウスの小屋に住んでいる。アースバッグハウスというのは、土を詰めた土嚢袋を積み重ねてつくるドーム状の家のことだ。二人の弟子が二日で、材料費六〇〇〇円で建てた。

ペーターは、僕たちの姿を見つけると必ず「メエエッ（来てえ！）」と鳴く。その度に桂の木の葉を折り取って持ってゆく。ペーターは桂の葉と枝が特別に好きだ。「メエエッ」の翻訳は「桂が食いてえ！」が正しいのかもしれない。

僕たちの敷地内には、アッチコッチに短い杭が打ってある。昼間にペーターを繋いでおくための杭だ。なぜアッチコッチかというと、杭の周り6ｍくらいの草は一日で食べ尽くしてしまうからだ。つまり、一日で１００㎡くらいの雑草退治をやってくれる。だから、毎日別な杭に繋ぎ変える。

ペーター

ペーターとムックを連れて散歩に出かける。林の中を散歩することが多いが、田舎道を歩くこともある。車の往来が無ければ紐には繋がない。臆病だから、遠くには離れない。

ペーターにとっては、散歩が目的ではなく、道草を食うことが目的だ。好きな草を瞬時に見つけ、食べ飽きるか食べ尽くすまではテコでも動かない。だから、ペーターとの散歩はペーターのペースに合わせるしかない。

不思議なことに、ペーターのペースに合わせていると、ノンビリしてきて時間が経つのを忘れる。犬のムックだけを連れて散歩するときには、僕たちのペースにムックを従わせるのに、ペーターとの散歩では、ペーターに合わせる。どちらが心地よいかと言えば、格段にペーターとの散歩の方だ。

非電化工房で主催する塾やセミナーの参加者を、ペーターとの散歩に連れ出すことが多い。彼らにとっては人生で初めての経験だ。初めは戸惑うが、すぐに慣れてペーターに合わせる。全員がリラックスして、穏やかで優しい雰囲気になる。例外は無い。ガサガサしている内に一日が過ぎ、セカセカしている内に一年が過ぎる……こういう乱暴な人生ではなく、もっと丁寧に暮らしたい。丁寧に暮らすには……山羊と暮らせばいい。例えばの話だけど。

鉛筆削りで鉛筆を削る

ＢＯＳＴＯＮの手動鉛筆削りを僕は愛用している。ヘミングウェイもスタインベックもＢＯＳＴＯＮを愛用したそうだ。百年前からデザインは変わっていないという。オール鉄製だから、百年くらいは余裕で使えそうだ。

「百年使える」という話をしたら、「あと百年も生きるつもりか」とからかわれたことがある。そういうことではない。あと十年足らずしか生きられないだろうけど、百年使えるものを使う。百年使える名器だから五〇〇〇円くらいするが、残りの九十年は誰かが使ってくれるかもしれない。安いものだ。

ＢＯＳＴＯＮの鉛筆削りは壁や柱に取り付ける。僕の家ではリビングルームの階段の柱に取り付けてある。僕の仕事机からは10ｍ離れている。だから、発明中も原稿執筆中も、鉛筆の芯がチビルとＢＯＳＴＯＮまで往復しなくてはならない。集中力が途切れて効率が悪いだろう……と言われるが、そんなことはない。芯がチビルと、ゆっくり立って、ゆっくり歩いてＢＯＳＴＯＮにたどり着く。芯の尖り具合を感じながら、ゆっくり削って、ゆっくり仕事机に戻る。この間合いが、発明や原稿執筆の集中を高めてくれる。

BOSTON の鉛筆削り機

ARADIN の石油ストーブ

効率を考えれば、手動の鉛筆削りよりも電動の鉛筆削りがいい。電動の機械は壊れるから、鉄製である必要はない。事実、すべての電動鉛筆削り機はプラスチック製で安い。更に効率を考えると、一家に一台ではなく、各机に一台がいい。実際に鉛筆削り機の歴史はその通りの道を歩んだ。そこから先は知れている。鉛筆よりはシャープペンシルがよく、シャープペンシルよりはパソコンがいい。パソコンのキーボードを叩くよりは音声認識がいい。……はたして素晴らしい発明や原稿が生まれるだろうか？

余談だが、非電化工房の暖房の主役は薪ストーブだが、脇役としＡＲＡＤＩＮの石油ストーブを使う。ＡＲＡＤＩＮは現役の企業だが、九十年前からデザインは同じだ。二十年くらいは使っているが、芯を変えればあと三十年くらいは使えそうだ。丁寧に暮らす……というのは、こんなことの積み重ねのような気がする。

二十四節気七十二候

丁寧な暮らしを願う人に薦めたいのが「二十四節気（にじゅうしせっき）」あるいは「七十二候」だ。ご存知の方は多いと思うが、二十四節気というのは、一年を二十四の節気に細かく分けて季節感を愉しむ。一つの節気は十五日間前後になる。初めの節気は「立春」。二〇二一年の場合は二月三日～十七日までの十五日間だ。二番目の節気は「雨水」で、二月十八日～三月四日まで。二十四番目の節気は「大寒」で、二〇二一年の場合は一月二〇日〜二月二日までの十四日間……という具合だ。

二十四の節気を三つずつに分けたのが「七十二候」だ。一つの候は五日間前後となる。例えば、二十四節気の一番目の「立春」は、「立春・初候」「立春・次候」「立春・末候」という三つの候に分かれる。「立春・初候」は二〇二一年の場合は二月三日〜七日の五日間。「東風解凍（東風氷を解く）」という漢文が、この候の特徴を表すのによく用いられる。確かに、この頃に東からの風が吹いてきて、池の氷が解け始める。「東風解凍」と言われると、東からの風や氷の解け具合を意識するようになり、春の訪れが近いことを実感できる。「寒いぞ、チクショウ！」と寒さを呪っているのとは、心の豊かさが違ってくる。

例えば二十四節気の二番目の「雨水」の末候は、二月二八日〜三月四日ごろで、「草木萌動（そうもくめばえいずる）」。草や木が芽吹き始め、ようやく目に見えて春の到来を知る頃だ。そうと知れば、散歩に出かけてみたくなる。野原には小さな花が可憐に咲いているし、木々の芽は健気に膨らみ始めているのが心地よく目に入ってくる。

七十二候では、旬の食べ物をいただいて、季節を愉しむ。例えば「雨水・末候」には菜花と蛤（はまぐり）をいただく。葉が柔らかく緑が鮮やかな菜花は、春の訪れを告げる旬の緑黄色野菜。花開く前のつぼみには、ビタミンC・鉄分・カルシウムが豊富で、ほろ苦さが身体の免疫力を高め、気持ちを和らげてくれる。この時期の蛤は美味しい。酒蒸しや煮貝は絶品だ。行事や室礼（飾りつけのこと）も七十二候には欠かせない。例えば雨水・末候の行事は雛祭り。春の息吹をいただくのが菱餅。緑は蓬、ピンクは桃の花、白は雪。雪の下には蓬が芽を出し、雪の上に桃の花が咲くという春の景色を表現している。

「二十四節気・七十二候」は、僕の家でも時おり採り入れている。お陰で、ガサガサ・セカセカではなくて、丁寧な暮らしに近づいている。そこでお薦めしたいのが「二十四節気カレンダー」か「七十二候カレンダー」を自分で制作すること。「二十四節気カレンダー」の場合は二四枚の節気めくりカードをつくる。参考書から気に入ったことを抜き書きする。節気の特徴だとか、料理のこととか、行事のこと、室礼のこと……片づけ名人のコンマリ流に言えば、トキメクことだけを抜き書きする。食卓かキッチンに立てかけておいて、気が付いたらカードをめくる。たったこれだけで丁寧な暮らしに近づけそうだ。

小さな本棚をつくる

韓国ソウル市役所フロントの公共スペースに、おもしろい本棚がある。広い壁のアッチコッチに小さな本棚が数十個バラバラに設置されている。どれくらい小さいかというと、本が十冊くらいしか並べられないくらい小さい本棚だ。

それぞれの本棚には、寄付された本が寄付者別に十冊くらいづつ陳列されている。寄付した人の名前と略歴も付けられている。例えば、パク・ウォンスン市長が寄付した本が陳列された本棚もあった。パク・ウォンスン市長が人生で最も強い影響を受けた本をご本人が十冊選び、実際に自分が所蔵していた本を寄付する。寄付したほかの人も、すべて自分が所蔵していた本を寄付する。人生で強い影響を受けた本を選ぶのも同じだ。いいアイディアだと思った。多くの本は古びているし、撚れや書き込みもある。たった十冊の本から、寄付した人（多くは有名人）の人格や知性の形成過程が感じ取れる。

本棚は知識の宝庫だった。昔のことだ。今は、本棚は古い本のストック場所だ。昔に読んで感動した本、無理して買った高価な本など、捨てるに忍びない……そういう古い本のストック場所だ。言葉を飾らずに言うならば、思い出の墓場だ。

ディジタル革命が起きて久しい。キーワードを適当にインプットするだけで、即座に必要な情報が得られる。本の在り処を探してイライラする必要は最早ない。本をタクサン並べて見栄をはる必要も無い。見栄を張ってもミットモナイだけだ。

よし、断捨離だ！　本棚と本は処分しよう……というわけには、どうしても行かない。自分が空っぽになるような空虚感が予感される。ならば、片づけ名人のコンマリに倣って、トキメク本だけを残して、他は全部捨てる……というのは、どうだろうか？　残した本をジャンル別に小さなステキな本棚に並べて、家のアッチコッチに分散して設置する。小さな本棚は自分でつくる。あまりオシャレにし過ぎない方がいいと思う。オシャレにし過ぎると見栄が復活してしまう。例えばアッチには歴史小説が五冊だけ。コッチには小説が三冊だけ……青年時代の思い出の一部になっているような、あるいは自分の人格形成に影響を与えたような、そういう本だけをなるべく少なく選ぶ。見栄は排除する。

そうすると、本棚が自分の知性の骨格にならないだろうか。自分の身体に肉体的な骨格があるように、知性の骨格ができる。時折り本を覗いて、骨格を探ってみる。骨が足りない……などと焦るのは禁物だ。あと一冊くらいはつけ加わるかな……などと、余生を愉しんでみる。

ディジタル革命後の知性は危うい。知性の骨格を失う。そういう恐怖心を感じる人は少なくないと思う。小さな本棚をつくる……というようなアナログ革命を起こしてバランスをとってみてはどうだろうか？

ハンモックをつくる

ハンモック・カフェが流行っている。札幌・静岡・吉祥寺・渋谷・大阪・那須町など、アッチコッチにある。行ってみたら普通の網式のハンモックだった。身体が曲がって沈み

非電化工房のハンモック

込むし、心地よくは揺れない。それでも流行っている。不思議だ。

写真のハンモックを見ていただきたい。非電化工房の庭に置いてある。このハンモックは出来がいい。身体が沈まない。絶妙に揺れる。これに横たわると時間が停まる。これに横たわった人はハンモックから離れたがらない。例外は無い。

現代の日本は、いつも時間に追い立てられる気持ちにさせられる国だ。そうではなくて、ゆったりした気持ちで生きたい。潜在的にそう感じている日本人は多いはずだ。だから、ハンモック・カフェが流行るのだろう。時間は停まらないハンモックなのに。

時間が停まるハンモックをつくることは難しくない。再び写真のハンモックを見ていただきたい。二本の棒の間に布が張られている。この棒がポイントだ。お陰で身体が折り曲げられない。もう一つのポイントは揺れの周期（往復の時間）だ。ハンモック支持部と身体の重心の高さの差で決定される。写真のハンモックは、この高さの差が85㎝で周期は一・八八秒だ。これより短いと落ち着かないし、長いと気持ち悪くなる。

このハンモックを自分でつくるというのは、どうだろうか。シート部は帆布でも、古布のパッチワークでもいい。スタンド（写真の円弧状の部分）は材木を使う。

スイングが心地よいものだということは、実は誰でも知っている。幼児がむずかれば、母親は抱いてスイングしてあげる。幼児を寝かせつける時は揺りかごに寝かせてスイング。適切なスイングは幼児の頭脳の発達に効果が大きいそうだ。スウェーデンで母親が幼児をスイングしている時の周期を測ってみたら、約二秒だった。これは胎児が母体の中で揺動しているときの周期と一致する。写真のハンモックで時間が停まるのも頷ける。

正月飾りをつくる

丁寧に暮らす……というのは、自分と人と自然と（宇宙の）時間を調和させて暮らす……ということとも言える。怪しい言い方をすれば、宇宙とシンクロナイズして暮らす。経済が大きくなると回転が速くなる。競争に勝つにはスピードを速くする。テクノロジーが発達すると通信も計算も交通もスピードアップする。そういうアップするスピードにシンクロナイズするのではなくて、アップしない（宇宙の）時間とシンクロナイズして暮らす。

人間の遺伝子は二十万年前からほとんど変わっていないそうだ。だから二十万年前からずっと変わっていない時間や自然の営みとシンクロナイズして上げた方が、心と身体には心地よい……とも言えそうだ。

しかし、僕たちが生きている現実の社会のテンポはアップする一方だ。取り分け、この二十年間のアップのスピードは速い。時間に追われるどころか、時間に置いてきぼりにされている。だからこそ、丁寧に暮らす意識と工夫と努力が求められる。

前段までに、丁寧に暮らすための工夫の例をいくつか示した。これらは一例に過ぎない。もっとたくさんある。いろいろ見つけて愉しんでいただきたい。

そうは言っても、時間は大きくずれてしまう。ずれたままでは心地良くないので、時にはリセットする。正月というのは、リセットするチャンスだ。そもそも、正月というのは、企業の決算期のような制度的なものではないはずだ。自分と人と自然と宇宙の不調和をリセットして、清らかに澄んだ心と身体にする……そういう日だったように思う。そういう日にするための工夫が随所で行われる。神社への初詣、おせち料理、お神酒（みき）、和服、書初め……日本の正月が僕は大好きだ。

正月飾りも工夫の一つだ。だから、心を込めてつくり、清らかな気持ちで飾り付ける。

大晦日にスマホでアマゾンに十秒で注文すると元日に届くので、それをチャッとピンで留める。できたっ！　所要時間合計で五十五秒……というのではなくて、冬至の日（二〇二〇年の場合は十二月二十一日）に冬至がゆと冬至かぼちゃと柚子湯で厄払いをする。運が向いてくるとされている翌日に正月飾りをみんなでつくる。大晦日までは家の中に飾っておいて、元旦の朝に玄関先に飾り付ける。そして神社に初詣……帰ってきたらお神酒とお節(せち)料理……こういう正月はどうだろうか？

9 生活はアート

窓ぎわにガラス瓶を並べる

写真を見ていただきたい。僕の家の南側の窓だ。色トリドリのガラス瓶を並べてある。ガラス瓶の中には水が充填されている。冬に陽光が差し込むと、瓶の中の水が温かくなる。夜には、ロールスクリーンを窓ガラスとガラス瓶の間に降ろす。水に蓄えられた熱が室内に伝達されて、暖房効果があるというわけだ。

暖房代がいくら節約できるのかというと、実は微々たるものだ。だから身体は温まらない。しかし、昼間の太陽の熱が……と思うと心が温まる。

このやり方は、三十年ほど前にフランス人から学んだ。フランスの家庭では、みんな普通にやっている。僕が訪れた家の主婦は、祖母の代から続けているそうだ。フランス人ほどガラス瓶を多く使い、大切にする国は少ない。美しいガラス瓶が手に入る度に、そうではないガラス瓶と入れ替える。そういう入れ替えを、三代にわたって続けてきただけのことはあって、感動するほどの美しい風景だった。「この瓶は祖母の瓶で、これは母のよ」と説明してくれた主婦は、嬉しそうで誇らしげだった。僕の家では、入れ替えを三十年しかやっていないので、大して美しくない。孫の代に期待したい。
昼間、瓶を通り抜けた太陽光が、出窓の床に光の模様を映し出す。瓶の色が様々だから、模様の色も様々だ。本当に美しい。

窓際のガラス瓶

「生活はアート」と、フランス人はよく口にする。窓際にガラス瓶を並べるのもそうだが、生活のいたるところにアートが溢れている。ピカソの絵が掛かっている……というような話ではなく、生活の隅々まで創意工夫して、美しく、個性的に整えられている。

一番アートなのは、キッチンだ。日本では一番乱雑な場所だ。フランス人に「なぜキッチンがこんなに美しいの？」と聞くと必ず「一番長くいる場所だから、一番美しくしたいのさ」という答えが返ってくる。日本人に「なぜこんなに汚いの？」と聞くと「一番他人の目に見えない所だからさ」、あるいは「忙しくて片づける暇がないのよ」という答えが返ってくる。僕の妻の答えだけど。

日本は紛れもなく成熟社会に移っている。物質的にはフランスに劣らず豊かだ。但し、成熟社会への移行がやや物質に偏って、アートがおろそかにされた。高度経済成長のひずみと言ってもいいかもしれない。高度経済成長時代は既に過去の話だ。何年か先には「生活はアート」と日本でも言われるようになると期待したい。

ガラス瓶ランプをつくる

「ガラス瓶ランプ」をご存知だろうか。写真を見ていただきたい。ガラス瓶の中に本物の植物と植物油が入っている。これをワークショップでつくる。

参加者は、要らなくなったガラス瓶を持ってくる。加熱して平らにするか、溶かして新しい瓶をつくるか、割って混ぜて溶かして瓶にするか……。指導者がいればガラス瓶づくりは難しくない。

次に、美しい野山に行って植物採集をする。ガラス瓶の中に美しく入れることをイメージしての植物採集だから、普段よりは感性を高めて自然と付き合うことになる。

「感性を高めて、五感で味わう自然」というのは最高級のシアワセと僕は思うのだけど、どうだろうか。もしそうなら、普段の都会生活では、あるいは普段の鈍感（？）生活では縁の無いシアワセを実感できるかもしれない。

採ってきた植物を瓶の中にレイアウトする。自分のセンスの悪さにガッカリするかもしれない。何でもお金を出して買う依存型の生活が長ければ、センスが悪くなるのが当然だからだ。そのことも含めて、みんなで愉しんでみたい。

レイアウトが済んだら植物油で瓶を満たす。もちろん自分たちでつくった油だ。搾油機さえあれば、植物油をつくるのは簡単だ。全員が完成したら点火式をして終了。

ワークショップでつくって持ち帰ったガラス瓶ランプに、たまには火を灯してみる。ただの灯に見えるだろうか。ワークショップの時の美しい風景や、満たされた情感や、温もりのある人間関係が蘇ってくるに違いない。

この頃ＬＥＤ照明が大流行りだ。明るくて省エネで、長持ちするのだそうだ。だから高価だが、やがては安価になるのだろう。明るさ＋省エネ＋長持ち＋安価＝パーフェクト……というわけだ。ＬＥＤを使わないと気が引けるような雰囲気すら漂う。ちょっと待っていただきたい。もっと大事なものが抜けているのではないだろうか？

昼間は太陽の下で汗を流して働く。夜は一転して安らぎの時だ。この安らぎの時を演出するのが「灯り」の役割だと僕は思う。明るければいいというものではない。ＬＥＤは、なぜかイライラするから、僕は嫌いだ。

エッセンシャルオイルをつくる

エッセンシャル・オイル（精油）といえば、女性ならだれでも知っている。バラの花などの植物から抽出した香油だ。香水やアロマテラピーに使う。化粧水として使われることもある。本物のエッセンシャル・オイルは純天然だから安心だし、出来のよいものは本当に良い香りがする。問題は価格だ。安いものでも、10ccで二〇〇〇円、高いものは数万円もする。数百円のものも売られているが、これはケミカルの抽出剤を使った工業製品だ。

一方、エッセンシャル・オイルを自分でつくる人もいる。つくるプロセスが愉しいからだ。価格もタダ同然だ。花やハーブを自分で育てる。あるいは、野山から採取してくる。そうして集めた花びらや種や枝葉などを水蒸気にさらして、香料成分を抽出する。水蒸気蒸留法と呼ばれる方法だ。蒸留器さえ手に入れれば、いとも簡単にできる。蒸留器は安いものなら二万円ほどで購入できる。やってみれば、あまりの簡単さと、あまりの愉しさに驚くはずだ。

蒸留器を自分でつくってしまうこともできる。左の写真を見ていただきたい。アルコールランプ・五徳・1ℓのガラスビーカー・1ℓの空き缶・直径8㎜のアルミパイプ、金属漏斗（ろうと）を少しだけ加工して組み合わせると蒸留器が出来上がる。材料費は新品を通販で購入すると合計で六〇〇〇円ほどかかる。廃品を活用すれば、もっと安くできるし、その方がカッコイイ。

ビーカーには植物と水を入れる。この水をアルコールランプで沸騰させる。アルコールランプのエネルギーは大きくはないので、ガスコンロなどで沸かしたお湯から出発する手もある。上部の漏斗は水で満たし、時々氷を入れる。植物のエキスを含んだ水蒸気は空き缶を通って漏斗の底面まで上昇し、漏斗で冷やされて結露（凝縮）し、金属パイプを通って空き缶の外に導かれ、瓶やコップに溜まる。蒸留と呼ばれるプロセスだ。

手作りの蒸留器

一回の蒸留で瓶やコップに溜まった液体は、植物のエキスが混じった水に過ぎない。この液体を元のビーカーに戻し、再び蒸留する。蒸留を繰り返している内に、水分が無くなってエッセンシャルオイルになる。

一回の蒸留だけでも化粧水はできる。例えばバラの花びらを入れて一回だけ蒸留する。えも言われぬ芳香の化粧水が出来上がる。ミントの葉を入れて一回だけ蒸留すると、ミント水が出来る。香りのよい虫除けになる。

モビールをつくる

モビールというのは、天井から吊り下げると緩やかに動くオブジェのことだ。電気の力で規則的に動くのではなく、室内の気流で不規則に動く。その緩やかな動きに誘い込まれて見惚れてしまう。時折ドキッとするような美しい絵が現れるのだが、徐々に別な絵に変わってしまう。同じ絵の再現を待っていても二度と現れない。北欧でオーロラを眺めている時と同じだ。時間が停まってしまう。

ドキッとするのも、時間が停まるのも、出来が良いモビールに限られたことだ。出来が悪いと、見惚れないしドキッともしない。もちろん時間は停まらない。

出来が良いモビールを生み出すにはセンスとトレーニングが必要だ。初めはガッカリするものしかできないかもしれないが、続けている内に徐々に出来がよくなっていく。初めにガッカリするのが嫌なら、出来の良いものの真似から出発してもいい。例えばデンマークのフレンステッド。有名なモビール・アーティストだ。彼の作品は素晴らしい。形はシンプルだが、見惚れるし、ドキッとする。時間も停まる。

「真似するのはフェアーではない」などと考える必要は無いと思う。「他人が創ったものを自分の創作と偽る」のがいけないのであって、真似して自分で愉しんだり、学んだりするのは著作権侵害でもなんでもない。古今の有名なアーティストも発明家も先達の真似から出発している。

モビールは、細い竹ひご（あるいは針金）と、細い糸と、紙などの薄い素材があればできる。ポイントは二つ。一つはバランス。糸を中心にして、左右のバランスを正確に取る。

ホドホドのバランスが取れたら、軽い方の紙に接着剤を少し垂らすとか、重い方の紙に小さい穴をあける……などの方法で微調整する。もう一つのポイントは、竹ひごを下向きに湾曲させること。こうすると、竹ひごが傾いても復元力が生じて、水平を保ってくれる。

インターネット通販のページを開くと、モビールのオンパレードだ。日本人の作品がタクサン並んでいる。猫や犬や鳥や魚をモチーフにしたものが、ほ

狩野智美さんのモビール

とんどだ。幼児の玩具というのが、日本におけるモビールの位置づけだからだろう。これでは時間は停まらない。思い切り適当な形にして、色と大きさの組み合わせの面白さに徹するのが、時間を停める秘訣のような気がする。二十回くらい試作を繰り返すと、思いがけない自分の才能を発見して驚くかもしれない。

エピソード V

愉しい仕事の生み出し方

1　好きなことを仕事にする

好きなことは仕事にならない？

好きなことを仕事にできたら愉しい。しかし、現実には好きなことを仕事にできた人は少ない。例えば絵を描くのが好きだとする。きっと幼いころから「上手！」と人から褒められて育ってきたのだろう。自分でも上手いと思っている。ところが絵を売ろうとすると誰も買ってくれない。好きだった絵もだんだん嫌いになる。よくある話だ。

好きなことを仕事にできない理由は、きっと次のようなことなのだろう。

①**専業にしようとするから**……専業にするとタクサン稼がなくてはならない。途端に厳しい競争に晒される。才能と努力と運に恵まれないと稼げない。

②**ビジネスモデルが狭いから**……絵が好きな人は、「絵を描いて売る」というビジネスモデルしか考えようとしない。演奏が好きな人は「演奏活動」というビジネスモデルにこだわる。しかし、これらのビジネスのマーケットは競争が激しい。

③**好きの範囲が狭いから**……自分の好きなことはこれしか無いと思い込む。「やらずには

いられないほどに好きでたまらない」のなら、やっているだけで幸せなのだから、それでいいのだが、そこまで好きなことを探し当てた人は稀だ。

以上終わり。本当にそうならば、全部ひっくり返してみればいい。先ずは「①専業にしないで、スモールビジネスの複業にする」。スモールビジネスの複業については後で詳しく説明する。一つの好きなことでタクサン稼ぐ必要はない。「一つの好きなことで月に三万円稼げばいい」と考える。タクサン愉しんでスコシ稼ぐ方が、きっとオモシロイ。

次には「②ビジネスモデルを広くする」。例えば絵が好きな人がいたとする。この人はスモールビジネスなら、「絵を描いて売る」以外に、できる仕事は山ほどある。山ほどあれば、その中から「タクサン愉しんでスコシ稼ぐ」ビジネスモデルが、きっと見つかる。

最後は「③好きの範囲を広くする」。日本の教育制度では、高校生までに職業体験をほとんどまったく採り入れない。つまり、「仕事に結び着く好きなこと」の経験が乏しい。高校を卒業すると、「仕事に結びつく技能」を学びに大学や専門学校に進学する。大学や専門学校は狭く分科されている。希薄な根拠で専攻を決定せざるを得ない。希薄な根拠を濃厚な根拠に変えてくれる親切さを、大学や専門学校は持たない。

大学や専門学校で学んだ技能は就職という形で仕事に結び付けられる。企業は競争社会の中核だ。仕事と好きなことを結び付けて上げる余裕は無い。かくして、仕事と好きなことの分離が完成される。好きなことは趣味として定着する。

好きなことは未来から探す

過去現在の「好きなこと」は範囲が狭い上に、仕事と結び付きにくい。この範囲に留まっていては損だ。好きの範囲を広げるには、好きなことを未来から探すのがいいと思う。「地方で仕事を創る塾」を二十六期まで開催し、約四百人が巣立った。この塾は内容を少し膨らませ、名称も「自立共生塾」と変えて、継続している。この塾で一番初めにやることは「好きなこと探し」だ。「好きの範囲」を広げてもらうのが目的だ。

「好きなことはなんですか?」とは聞かない。それはそれで大事に取っておいてもらう。この塾では「新しい好きなこと」を未来から発見してもらう。先ずは、僕の方から「ワクワクドキドキ仕事メニュー」を提示する。二十五個のビジネスモデルが並んでいる。例えば、「離れ小島で自給自足道場を運営する」とか、「都会のビルの屋上でミツバチカフェを運営する」とか、「十万坪の山を手に入れて、ヒッピータウンをつくる」……などなど、平凡なテーマは一つも無い。ここまで奇想天外な仕事が二十五も並べば、アナザーワールドにワープできる。反発したり、できない理由を見つけて自分を正当化するような、いつもの萎縮気味の自分ではなくなる……はずだ。実は、二十五のビジネスモデルは新しい文明の流れに乗っているものばかりだ。そして、塾生たちが潜在的に望んでいる「自由で、クリエイティブで誇り高い生き方」を絵に描いたようなテーマばかりだ。

「この二十五個の中から好きなものを選んで……」というような下手は打たない。アレルギー症状を引き起こす。全部のテーマについて、イメージを膨らませる作業をグループディスカッションでやってもらう。ディスカッションの中身はワクワクドキドキ度を上げるアイディアを出すこと。人（客）と自分の両方のワクワクドキドキ度だ。どんどんアイディアを出す。「ネガティブなことは考えない、言わない」というディスカッションのルールだけは固く約束しておく。因みに、ドキドキというのは、非日常的な心地よい驚きのことで、ワクワクというのは、自分の明るい未来の予感だ。

グループディスカッションの途中で、膨らませたイメージを発表してもらう。発表に刺激されて、第二ラウンドのグループディスカッションは更に白熱を帯びる。こういうエキサイティングな時間を過ごした後に塾生に質問する。「どれが好き？」、「どれをやりたい？」と。すると「全部好き」、「全部やりたい」と全員が答える。ホラネッ！　好きの範囲が広がったでしょう！　仕事と結びついたでしょう！

小さく始める

イメージは、なるべく大きく膨らませる。大きければ大きいほどいい。エネルギーが大きくなる。しかし、ビジネスは小さく始める。小さければ小さいほどいい。大きく始めるとリスクが大きくなるが、小さく始めればリスクゼロに抑えられる。大きく始めるとゴールまでの距離が遠くなり、息切れする。小さく始めれば、直ぐに小さい結果が出る。達成感が得られるし、自信が湧いてビジネスに弾みがつく。チームワークもよくなる。

ファーストステップは、半年くらいで小さな売り上げが立つ……くらいが丁度いい。だから、シンプルで、思い切り小さいビジネスにする。僕の弟子たちは「マルシェへの出店」という形を採ることが多い。とても小さくて、いい方法だと僕は思う。既存のマルシェへの参加でもいいいし、自分たちでマルシェを開催してもいい。

例えば、矢口真紀さんたちのグループ「ちょいなかワークス」が、埼玉県杉戸町や草加市で開催する「女性のための月3万円ビジネス連続講座」。五回連続講座の第一回は「自分大発見ワークショップ」。第二回は「月3万円ビジネスをつくろう」。第三回は「デザインでビジネスの魅力を伝えよう」。第四回は「ユーザーに意見を聞こう！　模擬出店会」。第五回は「マルシェでビジネス実践！」。受講生の女性たちは、矢口さんらが主催するマルシェに出店しなければならない。十五年二月のマルシェには講座受講生十二人がオソルオソル出店した。例えば『Happyママデビュー♡はじめのいっぽ』――入園を控えたママのための手作り教室だ。キャラ弁や巾着袋……何でもつくれる自慢のママを目指す。例えば『セルフデトックスを学ぼう！』。自ら学んでケアできる足つぼ講座と、不調を和らげるやさしいヨガ。

矢口真紀さんの「ちょいなかワークス」

その他の十人も含めて、いずれも女性ならではの仕事や趣味、子育て経験を活かしている。そして自分も周りも嬉しくなるビジネスだ。月三万円だからこそ成り立つビジネスでもある。

マルシェ当日は数百名が来場し、十二人の店に足を運んだ。売上も上々で、十二人の達成感はハンパではなかった。前日までの不安は吹っ飛んで、自信が着いた。自立できるという自信だ。

テーマは平凡でいい。みんなでワイワイガヤガヤ愉しく考えるのがいい。そして何よりも、まずやってみること。そのためにも、小さく始めることが大切だ。

花が好きな人の仕事

「フラワーシスターズ」というスモールビジネスを妻が続けている。個人でガーデニングを愉しんでいる家庭に、花が好きな人を案内する。ガーデニング好きの人は、花が咲くと嬉しいのだが、見てくれる人がいないと寂しい。どうやらみな同じらしい。ならば、花が好きな人を案内してあげれば……と、このスモールビジネスを始めた。妻はガーデニングが大好きなので、このスモールビジネスを愉しんでいる。パートナーの坪山ますみさんもガーデニング好きの友人だ。

春と秋に三回づつのツアーを開催する。十時に集合し、四軒の庭を鑑賞して十五時に解散する。心づくしの昼食とおやつ、それと愉しい会話は必須メニューだ。訪ねる四軒は、いずれも個人でガーデニングを愉しんでいる家庭だ。訪ねると、その家の主婦が案内してくれる。主婦と訪問者とが意気投合して友人になったりする。参加費は一人四〇〇〇円。

このツアーは、観光会社主催の「お庭鑑賞ツアー」と似ているようだが、まるで違う。「お庭鑑賞ツアー」は、観光業者が観光客を観光スポットに連れていって稼ぐ。フラワーシスターズは、素人が仲間を友人の家に案内して愉しむ。簡単なビジネスだが、月3万円ビジネスの条件を満たしている。つまり、愉しく稼いで、みんなに喜ばれている。

五年も続けているのでファンも定着してきた。一回のツアーには十数人が参加する。「うちにも来て！」というガーデニング好きも増え始めた。妻はオーディションをしたりして嬉しそうだ。地域に友だちの花の輪が広がりつつある。

花が好きな人の仕事は「花屋」だけではない。花好きな人は花のことをよく知っている。花を好む人の心もよく知っている。花の効能も知っている。だから、花好きの人しかできない仕事がタクサンある。ビジネスを「金儲け」と考えると心が狭くなるが、「いいことと好きなことを繋ぐ」という風にとらえると、タクサンの仕事が生まれる。

フラワーシスターズ

絵が好きな人の仕事

「ペインティング・パーティー」をご存知だろうか？　アメリカで流行っている。絵を描いてみたい人を集める。まったく絵を描いたことが無い大人が主たる対象だ。決められた時刻にボトル一本のワインを持参して集合する。先ずはワイン一本を空ける。

ニューヨークのアートファンスタジオ

もちろん会話しながらだ。

「今日はゴーギャンを描くわよ！」。リーダーの掛け声でお絵描きがスタートする。参加者は「オーッ！」と応じる。ワインと会話の相乗効果ですでにリラックスしている。「ゴーギャンなんて簡単よ！　私が言う通りに描けばゴーギャンになるんだから！」。「じゃあねっ、パレットに赤と黄色と青の絵の具をのせてっ」、「一番太い筆で、黄色の線を一本、こういう風にエーイッと描くわよ！」、「ちょっと待って！　頭の中にエネルギーをため込んでからね。怒りのエネルギーでも喜びのエネルギーでもなんだっていいから」……、こんな感じで一人一枚の絵が描かれてゆく。全員がノリに乗ってゴーギャンになりきっている。「上手くかけないと恥ずかしい」という雰囲気は皆無だ。

三〇分もすると全員の絵が完成する。一人残らずゴーギャンの絵になっている。参加者に感動が生まれる。自分が描いた絵に感動するし、感動的な絵を描けたことにも感動する。「私ってスゴイ！」と。

こういうスモールビジネスは、絵が好きな人にしかできない。絵が好きな人は例外なく「上手く描けないと恥ずかしい」という気持ちと戦ってきたのだから、絵を描きたいけど描かなかった人の心を分かっている。「上手く描く」なんてことよりも、もっともっと大事なことが絵を描くことにはあることも、よく知っている。「絵描き」だけが絵を好きな人の唯一のビジネスモデルではない。

旅が好きな人の仕事

アリスのビジネスモデルは「キャンピングカーで田舎放浪」。アリスというのは非電化工房ソウルの女弟子だ。二十代後半で独身。アリスは旅が好きで、アッチコッチに旅をする。お仕着せの観光旅行で予定通りの名物を……ではなくて、自由にでかけて、予想外の出来事や人に出会うのがアリスは好きだ。

「旅が好きなのではなくて、自由な行動と驚きが好きなのだ」ということを、アリスは良く知っている。都会の青年が、自由であること・クリエイティブであることを放棄して暮らしていることを知っている。「自由に、クリエイティブに生きたい」と彼らが本当は

アリス（右）

願っていることもアリスはよく知っている。

アリスは都会の青年に小さな旅を提供することを考えた。先ずは自分でキャンピングカーをつくった。日本ならさしずめ軽キャン（軽トラックキャンピングカー）というところだが、韓国には軽トラが無いので、中古1トントラックに自作の箱を載せた。見ただけで自由な気持ちになるデザインを心掛けた。このキャンピングカーに女性客を二〜三人乗せて、適当な田舎を目指して出発する。計画は組まない。オカネが足りなくなると、行った先でワークショップをして稼ぐ。地元で協力してくれそうな人もぶっつけ本番で探す。

結果としては、各地で親しい仲間ができた。結果としては、参加者は感動した。人生に希望が生まれた……という感想も生まれた。アリスは今や人気者だ。韓国教育テレビが同行して、ドキュメンタリーを放映したりしている。

旅が好きだから「旅行代理店」……が唯一のビジネスモデルではない。旅が好きな人は、なぜ人が旅を求めるのかを知っている。旅が好きな人しかできないことがタクサンある。

外国語が好きな人の仕事

マザー・アース・ニュースという米国の雑誌がある。僕も二十年来の愛読者だ。二ヶ月に一度届くのが待ち遠しいくらいに面白い。パンをつくったり、家をつくったり、エネルギーをつくったり……ナンデモカンデモ自分でつくる。ユニークな、あるいはスグレモノの実例が満載で興奮する。

世界中で二百数十万人の人が愛読しているMEN（マザー・アース・ニュースのこと）だが、日本ではほとんど読まれていない。英語だからだ。そこで沓名輝政さんは、この雑誌の日本語版を発行することを思いついた。沓名さんは、僕が主宰する「地方で仕事を創る塾」の第一期生だ。この塾では、「ビジネスはノーリスクで」ということを叩き込まれる。出版というリスキーなビジネスをいかにしてノーリスクで立ち上げるか……沓名さんは考えた。

沓名さんの「MEN日本」の会員（年会費四〇〇〇円）になると、二ヶ月に一回、英語版のMENが送られてくる。アマゾンに注文すると年間八〇〇〇円かかるから、半額で手に入る。同時にインターネットのEメールで日本語訳全文が送信される。

普通だったら日本語版を印刷・製本する。割安になるように大量に刷る。すると大量に売らないといけないので、宣伝や営業にお金をかける。まさにリスキーだ。沓名さんは印刷・製本しないからノーリスクだ。

インターネット上で翻訳者を募集する。翻訳料は利益から文字数に比例して支払う。利益が出なければタダ働きだ。「そんなバカバカしい話に応募する人がいるわけが無い」と思うかもしれないが、応募者は殺到した。つまり、翻訳に関してもノーリスクを実現した。

マザー・アース・ニュース

沓名さんはMEN日本の仕事に週二日ほどを費やし、残りの五日は市民農園で野菜づくりをしたり、外資系企業の嘱託の仕事を愉しんでいる。まさに愉しい複業だ。とてもハッピーだと沓名さんは言う。英語が得意で自給自足が大好きな沓名さんにとってMENの仕事は愉しくてたまらない。「マザー・アース・ニュース 韓国」は非電化工房ソウルの二期生のハル（ニックネーム）が運営している。二十代後半の女性だ。

教師・通訳・翻訳だけが外国語が好きな人のビジネスモデルではない。外国語好きは、外国文化好きに繋がる。大好きな外国文化をピックアップしてスモールビジネスにする……という発想をすると、アイディアが出やすい。

工作が好きな人の仕事

ＤＩＹで家具をつくって愉しむ。工作好きの人は、ほとんどがこのパターンだ。つまり趣味の範囲に留まっている。仕事にしようとすると、途端にハードルが高くなる。だから、プロと趣味に二極化した……というのは過去の話。今は文明の転換期。プロとアマの融合が進んでいる。スポーツの世界然り、ビジネスの世界然り、そしてアートや工芸の世界も然りだ。例えばＥｔｓｙ。ハンドメイドクラフトのインターネットサイトだ。世界中のクラフター（工芸作家）が出展して販売する。当初はアマチュアクラフターのサイトだったのだが、今はプロもアマも一緒くたで、並ぶ商品数は三千万点を越しているという。

テクノロジーの進歩がプロとアマの融合を加速する。例えば３Ｄプリンター。今までは射出成型機などの、数百万円の機械でしかできなかったものが、三万円の３Ｄプリンターを使って中学生が制作できる。必然的に少品種大量生産から多品種少量生産へ、時には一

50年前の小学校の椅子

品種一品生産へと商品生産は変わってゆく。広告宣伝の効果は急速に力を失う。そういう時代が既に始まっている。そういう時代を僕たちは生きている。

写真を見ていただきたい。非電化工房住み込み弟子がつくった「五十年前の小学校の椅子」だ。材料はホームセンターで購入した杉の新材。椅子一脚分の材料費は三〇〇円ほどだ。先ずは椅子をつくる。脚や背は、ホゾ組みで、頑丈につくる。座面の薄板は釘で打ち付ける。出来上がった椅子はマッサラだ。これを小学校で五十年間使われた椅子に変貌させる。

まがい物のアンティークをつくろうというのではない。「物をつくるということは、作品に魂を込めることだ」という、ものづくりの哲学を身に着けさせるのが目的だ。先ずは金槌で叩いて凹みをつける。一回叩くごとに一ヶ月の時間を感じる。「あっ、いま掃除の時間で机にぶつかった……」というふうに、一回一回心を込めて叩く。五十年を経るためには、六百回叩く。次は、釘が飛び出た棒で小さな穴をあける。今度は虫になりきって、「あっ、ここが美味しそうだ……」という具合だ。次はバーナーで炙(あぶ)って……と続く。

出来上がった椅子をマルシェなどで試しに販売してみる。一万円の値段をつけても、その日の内に売り切れる。但し、魂がこもった椅子に限った話だ。つまり、修行し始めの青年が椅子をつくっても、スモールビジネスなら、成り立つ。スモールビジネスの面白さが、ここにある。範囲を限りなく狭くして、特徴を限りなく際立たせて、魂を込めてつくれば売れる。工作が好きな人の仕事は、家具屋と工芸作家に限ったことではない。

文化が好きな人の仕事

文化からのアプローチを一つ紹介する。小川順子さんのビジネスモデルは「ムーンロッジ」だ。ムーンロッジというのは、北米ネイティブインディアンの文化だ。生理の女性を、男も女も、みんなでいたわる。土づくりの家のようなナチュラルな家を用意し、食事はみんなでサービスする。育児や家事はみんなで受け持ってあげる。

北米ネイティブインディアンの文化では、生理は生命の誕生に関わる、神秘的で厳粛な現象だ。だから、生理の女性を敬う。生理の時は身体と心のバランスが乱れやすいので、みんなでいたわる。知性の高い文化だと思う。

生理の女性は、感受性が高くなる。だから、普段はできないことを愉しむ。例えば月との会話や、瞑想。身体のバランスを整えたり、生理痛を緩和するヨーガや参加者同士のしみじみとした会話、薬草茶、薬草酒……などなど。これがムーンロッジだ。

ムーンロッジを自然豊かな地で開催する。二泊三日くらいがよさそうだ。実費＋αの参加費をもらう。一度参加してもらって、この時期の愉しい過ごし方を覚えてもらう。これまでは憂鬱だった生理の日が待ち遠しくなったりする。本当に素敵なスモールビジネスだと僕は思う。かっての日本では、こういうビジネスモデルは成り立たなかったように思う。だが、今なら成り立つ。そう思いたい。

文化が好きでも仕事にはならない……ということはない。文化を誰に、どう役立てて上げようか……と考えれば、ビジネスのアイディアはタクサン出てくる。ムーンロッジは、ほんの一例に過ぎない。

丁寧な暮らしが好きな人の仕事

占いと言うとウサンクサイと思うかもしれない。確かにウサンクサイ占いが多い。占い師が自分の欲望を満たすために人をタブラカスからだ。自分のために自分で占うのは、ちっともウサンクサくない。占いの種類によっては、高い知性と言っても差し支えない。

占いの効用の一つは、決断が生まれることだ。AかBか、どちらが大切かではなくて、早く決断して行動することが大切……ということが多い。ところが、見栄や未練や優柔不断が決断を鈍らせる。事態はますます悪くなる。よくあることだ。占いは、見栄も未練も優柔不断も断ち切ってくれる。逆に、早く決断することよりも、AかBかを選ぶことの方が大切な時には、占いには頼らない。

占いの別な効用は暮らしが丁寧になることだ。火に注意しろとか、異性に注意しろとか、占いは上手に導いてくれる。その通りに振る舞っていると、本当にトラブルに巻き込まれない。心も穏やかになるし、体調も良くなる。占いが当たったのではなくて、情緒が安定し、社会や自然と調和して振る舞ったからなのだけど。だから、優れた占いは、社会や自然との調和を重んじる。

占いの種類はタクサンある。僕のお薦めは易占いだ。言うまでもなく、中国の古典である「易経」に基づく占いだ。奥が深く、高い知性が要求される。自分で自分のためにする易占いは、いいことはタクサンあるが、悪いことは何も無いと僕は思う。

易経の何たるやの紹介は省く。易占いの方法の紹介も省く。テキストを読めばすべて書かれていることだ。速い人なら三日間、遅い人でも一ヶ月もあれば達者に易占いができるようになる。但し奥が深いので、一流の占い師になるには、十年や二十年の研鑽(けんさん)が必要だと思う。
占い師を目指すのではなくて、「易占いワークショップ」というスモールビジネスをお薦めしたい。月に一度の連続ワークショップを開催する。立卦（りっか）（占うこと）の方法を学ぶところから出発して、定期的に自分を自分で占う。出てきた卦象（かしょう）（名前）、それをどう解釈したか、実際の生活にどう活かしたか、その結果はどうだったか……というようなことを、毎月のワークショップで発表し、話し合う。十年～二十年の研鑽は必要無い。一緒に学ぶのだから。

丁寧な暮らしが好きだから丁寧に暮らす……とは行かない。丁寧な暮らしが好きだけど、ついつい雑に暮らしてしまう。そういうことが多い。好きなことが暮らしに定着していないからだ。選択肢が多すぎる現代は特にそうだ。目移り・心変わりばかりしていて、「アッと言う間」にできること以外は何もできない。そういう文明の転換期を僕たちはいま生きている。ならば、「好きなのにできない」ことを「アッと言う間」にビジネスにしてしまう……というアイディアはどうだろうか。今度は「好きだからできる」に変わるかもしれない。すこし品が悪いやり方だが、好きなことができて、お金も入ってくる。人のためになることであれば許される。

「アッと言う間」にビジネスにするためには、前に述べたとおり「小さく始める」ことにつきる。もう一度、「小さく始める」のページに戻っていただきたい。矢口真紀さんの「ちょいなかワークス」の話が書かれている。自作の商品をマルシェに出店して販売する。たった五回の講座で、ここまで行ってしまう。猛烈なスピードで……ではない。愉しみながらゆったりやっている。秘訣は、「小さく・みんなで・テンポよく」だ。

2 スモールビジネスの複業

文明の転換期には複業化する

文明の成熟期には、あらゆることが分業化されて専業化される。スポーツの世界も、学問の世界も、芸術の世界も、ビジネスの世界も……例外は無い。繁栄している時というのは、価値観も社会システムも文化も定まっている。身分や収入も安定している。つまり変化は必要ない。変化が不要な時には、なるべく細かく分業して励む。その方が楽だし、効率が良いからだ。収入も安定する。逆に文明の転換期にはいつも複業化する。文明の転換期と言われる今、複業化は時代の必然かもしれない。

複業の法則

フリーターという和製英語がある。定職に就けないから仕方なしに複数のアルバイトで生計を立てる……というネガティブなイメージがある。スモールビジネスの複業は、仕方がないからではなくて、積極的に複業を選ぶ。その方が愉しい人生を送れるからだ。しかし、複業なら必ず愉しい人生を送れる……というわけではない。複業で愉しい人生を実現するには、次のような工夫をした方がよさそうだ。

① **支出が少ない生活を愉しめる状況をつくる**……支出が多い生活だと、安定的に収入を多くせざるを得ない。複業は焦りを生み出す。

② **複業のレパートリーを多く持つ**……レパートリーが狭いと辛くても、稼げなくても、やらざるを得なくなる。

③ **愉しい仕事を選ぶ**……スモールビジネスのレパートリを徐々に広げ、愉しい仕事だけを選ぶようにする。

④ **少ない時間で稼げる仕事を選ぶ**……レパートリーを広げ、なるべく少ない時間で稼げる仕事を選ぶ。慣れてくれば短い時間で稼げるのであれば、初めは時間がかかっても構わない。

⑤ **継続性のあるビジネスを混ぜる**……機械や道具を売るような、一度売れたら、それっきりという単発ビジネスばかりだと、新しいビジネスを生み出し続けねばならず、疲れてしまう。消耗品を販売するような、継続性のあるビジネスを適度に混ぜる。

⑥ **発展性のあるビジネスを多くする**……一つのビジネスでファンができたら、そのファンが求める別な商品を……という「人的発展」や、ひとつの商品の技術から別な商品が

生まれる「技術的発展」、一つの商品と同じ文化から別の商品を生み出す「文化的発展」、一つの店で、相乗効果が生まれる別の商品を生み出す「店舗内発展」の何れかの方法で、ビジネスを発展させてゆく。

⑦季節性と時間帯のバリエーション……農作物の栽培のように、季節や時間帯が限られている場合には、複数のビジネスの季節・時間帯が重ならないものを選ぶ。暇な時間に愉しみながらつくっておいて、タイミングを見計らって売る……というようなビジネスモデルを複数持っておくと、本当にお得だ。

半カフェ半X

半カフェ半Xというのは、カフェとX（ほかの仕事）を同時にやること。複業のシンプルな例だ。カフェと美容院を経営する……では、ただの多角経営にすぎない。そうではなくて、一人で（あるいは一家で）カフェとXを両方やる、すると、カフェだけを専業でやるよりも、少なく働いてタクサン幸せになる。

山形の阿部由佳さんのビジネスモデルは「半カフェ・半量り売りショップ」だ。カフェの片隅には量り売りコーナーを設ける。調味料や洗剤などの量り売りは、ごみを出さないし、地産地消が進み、農薬や合成添加物が少なくなるなど、社会性が高い仕事だが、専業では成り立ちにくい。設備費や人権費を賄うには程遠い収入しか望めそうもない。だが、カフェの片隅に量り売りコーナーを設けるだけなら、来客時のみカフェのスタッフが対応すればいい。設備費・光熱費・人件費は余分には生じない。そもそも、地方ではカフェ自体も専業では成立しにくい。

量り売りショップは、社会活動をしている女性の共通の関心テーマだ。だから、量り売りショップは、これらの女性と連携することが多い。「溜まり場」になってカフェの来客が増える。一方、カフェに来店した人が量り売りに興味をもって購入してくれたり、人に紹介してくれたりする。つまり、カフェと量り売りが相乗効果になる。

相乗効果になるか、相殺効果になるかが半カフェ半Xの決め手だ。相殺効果になると「二兎を追うものは一兎も得ず」になるが、相乗効果になれば「二兎を追うと四兎を得る」ことになる。

3 月3万円ビジネス

仕事を辛くやっている人たちが多いことに僕は気づいた。仕事のために、自由であることやクリエイティブに生きることを犠牲にしている人たちが多いことも気になった。そこで、「月3万円ビジネス」という仕事のセオリーを発明（？）してみた。二〇〇五年のことだ。案外と上手く行った気がする。日本のアチコチで月3万円ビジネスを愉しむ人が増えた。本もよく売れた。韓国や台湾でも本が出版されて、実施例が増えた。

月3万円ビジネスとは

「月3万円ビジネス」というのは、月に三万円しか稼げないビジネスのことだ。このビジネスはたくさんある。なにしろ月に三万円しか稼げないので、脂ぎったオジサンは見向きもしない。つまり、競争から外れたところにあるビジネスだ。だから、たくさんある。「月三万円では暮らせないぞ！」と思うかもしれない。ならば「月3万円ビジネスを五個」というのはどうだろう。月十五万円の収入になる。支出が少ない生活を愉しむことを重ねれば、十分に豊かに暮らせる。「副業」ならぬ「複業」というわけだ。

月に三万円しか稼げないビジネスには競争も生じない。だから仲間と協力して進めることができる。みんなで生み出して、みんなで教え合う……「分かち合いのビジネス」を実現できるかもしれない。

月3万円ビジネスのオヤクソク

「月3万円ビジネス」には約束ごとが、たくさんある。主なものを紹介すると、

#1　いいことしか仕事にしない……テーマはたくさんある。わざわざ悪いことをする理由は無い。

#2　奪い合わないで、分ち合う……一つの月3万円ビジネスで、月に六万円稼げるようになってしまったら、友だちに三万円分の仕事を分けてあげる。そう言ったら、オジサンは「出来ない！」と叫んだ。若者は「簡単だ！」と頷いた。

#3　時間を増やす／支出を減らす……仕事の時間をなるべく減らして自由な時間を増やす。増やした時間で自給率を高めると支出が少なくなるから、収入も少なくてもよい。少ない収入でよければ、仕事の時間は減らせる。罠から抜け出せるかもしれない。

#4　借金と固定費をゼロにする……借金はしない。固定費もゼロにする。固定費とい

うのは、家賃や給料のように、売上に関係なく出て行くお金のことだ。借金と固定費をゼロにすれば、ノーリスクになる。無邪気にチャレンジできる。

#5　二日しか掛けない……一つの月3万円ビジネスには、二日しか掛けない。三日以上掛かるものはオミットする。つまり、二日以内で出来るものだけを選ぶ。あるいは、二日以内で出来るように工夫する。

#6　みんなで生み出す……なるべく、みんなでワイワイガヤガヤ、ゲーム感覚で月3万円ビジネスを生み出し、みんなで愉しくチャレンジする。今、あっちこっちで「月3万円ビジネスワークショップ」が開かれている。インターネット上でも「月3万円ビジネス」の経験が共有されている。

#7　インターネットでは売らない……インターネットで販売すると、売る人と買う人の心が繋がらない。その上、安売り合戦になって、結局は奪い合いになってしまう。だから、インターネットでは、なるべく売らないようにする。「こんなビジネスが面白いよ！」というような、分かち合いには、インターネットを活用する。インターネットは、奪い合いと分かち合いの、両刃の剣だ。

例1「卵を一日に二〇個売る」

鶏の卵の値段は不思議なほどに安い。どれくらい安いかと言うと、一キロ当たり三三六円。一個当たりで言うと二十二円くらい（二〇一三年総務省統計）。「ケージ飼い」だからだ。ケージ飼いの鶏は過密だ。窓も無い建物の中で数十万羽、時には数百万羽もの鶏が、電気照明で日照時間を管理されている。まるでオートメーション工場のように合理化されている。年間を通じた産卵率は95％以上だ。だから安い。だからよく売れて、たくさん使われる。

一方、一個四〇～六〇円の卵もよく売れている。ケージ飼いではなく、平飼いで健康に育てられた新鮮な卵だ。コレステロールの原因にもなりにくいのだそうだ。少し高いのだが、その割には売れている。安心できる卵を少なめに食べたい……という方が少なからず存在するからだろう。

そこで「卵を一日二〇個売るビジネス」というのはいかがだろう。雌鳥を三〇羽ほど飼う。もちろん「平飼い」だ。十分に遊び回れる広い地面（といっても十坪程度）を用意する。イタチに食べられない工夫は必須だ。自由に出入りできる鶏小屋も用意する。冬は暖かく、夏は涼しい鶏小屋を、できれば自分たちでつくる。パッシブソーラーという手法や籾殻断熱などを工夫してみていただきたい。鶏だって涼しい夏と暖かい冬が好きなのだ。餌も栄養バランスの良いものを、お金を掛けないで与える。採卵鶏の餌は大雑把に平均

鶏と山羊

すると、一日130gくらいだ。なにしろ体重の十倍くらいの卵を年間に産むのだから、案外と大食いだ。三〇羽だと一日3.9kg。日本人一人当たりの食べ残し量は一日0.3kgと言われるから、十三人分の食べ残しに相当する。だから自分の家の食べ残しだけでは足りない。

「月3万円ビジネス」の面白さは、こういう所だ。レストランとの複業にすれば一石二鳥だ。三人のグループをつくり、その内の一人が三軒分の食べ残しを使って「卵を二〇個売るビジネス」をやるのもよさそうだ。

いいものしか食べさせないことと、栄養バランスには注意する。一番注意するのは、鶏にストレスを与えないことだ。そうすると本当にいい卵を産んでくれる。本当にいい卵は、これくらいの価格で売れる。一日に二〇個、一ヶ月で六〇〇個。これを五~一〇人の友人に届ける。新聞のように毎日生みたてを届けてもいいいし、一〇~二〇個単位で届けてもいい。これで月三万円稼げる。

五〇年くらい前までは、どこの家でも一〇羽くらいの鶏を飼っていた。大した苦労では無かった。子供の周りで鶏が駆け回っている……悪くない風景だった。実は三〇羽くらいまでは、一〇羽を飼うのと苦労は似たようなものだ。

　このビジネスモデルは、小都会に隣接している地域に向いているかもしれない。周りが田舎ばかりだと、五〇円の卵を買ってくれる人はいそうも無い。社会活動や文化活動と繋げることも有効だ。いい卵の価値を知っている仲間の五人や一〇人は、きっといるだろう。余談だが、僕の妻は健康診断でコレステロール値が高いと指摘された。以来、卵は平飼い卵にこだわるようになった。

　三〇羽の鶏の糞の乾燥重量は年間２００kgくらい。乾燥鶏糞は窒素5.3％、リン酸4.1％、カリ1.5％を含む上質の有機肥料だ。野菜や穀物を自分でつくる人には、このビジネスは一石二鳥だ。四人家族の野菜・穀物なら、乾燥鶏糞２００kgと草木灰２００kg（カリを5.3％含む）だけで十分だ。肥料代は一円もかからない。因みに、乾燥鶏糞２００kgをホームセンターで購入すると四〇〇〇円ほどかかる。

　健康にも環境にも鶏にも嬉しい……やはり、鶏は平飼いがいい。だから、この月３万円ビジネスは本当にいいビジネスだと思う。

例2「買い物代行サービス」

コンビニエンスストアは全国に四万三千数百店舗もあるそうだ。インターネットも普及した。注文すると、翌日には配達してくれる。交通も発達した。約八千万台の車が国内で走っているそうだ。便利の極みの世の中になったような気がする。が、しかし「買い物難民」と言われる人が六百万人もいるのだそうだ。経済産業省の最近の発表だ。つまり、日本人の二〇人に一人は買い物に行けなくて困っている。どうやら弱い人のための便利ではなくて、お金を持っている人や強い人のための便利だったようだ。

そこで「買い物代行サービス」という月3万円ビジネスはどうだろう。「そういうサービスは昔からあるぞ」とお思いだろう。そう、昔からあった。平凡だ。インターネットで検索すれば二〇万件くらいはヒットする。でも、よく見てほしい。ブランド物のファッション品の買い物代行サービスや、海外からの買い物代行サービスばかりということに気付くはずだ。「買い物難民」のための買い物代行サービスは見つからない。だから、六百万人もの人が困っている。

軽トラックで回れる範囲内で、買い物に困っている人を十人だけ見つける。経済産業省の発表が正しいとすれば、二百人に当たれば十人見つかる理屈だ。週に一回だけ御用聞きに行って、替わりに買い物をして届ける。買い物をする店は、スーパーを含めて六軒に絞る。試しにやってみたら、五時間くらいで回れた。一人から一回当たり八〇〇円頂く。月に四回で三二〇〇円。これくらいなら、喜んで頼んでくれる人を十人探すのは容易だ。十人で三万二〇〇〇円、軽トラのガソリン代二〇〇〇円を引くと、月三万円の収入になる。要する時間は月に二十時間ほどだ。

「便利屋さん」や「何でも屋さん」という職業がかって流行った。この頃は聞かなくなったのだが、まだ存在する。買い物を頼むと代行してくれるが、一回三〇〇〇円くらいが相場だ。月四回で一万二〇〇〇円。お金に余裕のある人しか頼めない。

専業にしようとすると高級ファッション品のような高価なものに絞るか、お金に余裕のある人に絞らないと成り立たない。月3万円ビジネスなら、本当に困っている人を対象にすることができる。月3万円ビジネスの面白いところだ。こういう例はたくさんある。この平凡な例を参考にして考えてみていただきたい。

この月3万円ビジネスの一番大事なポイントは、買い物に困っている人との温もりのある人間関係だ。心を籠めた買い物をしてさしあげる。疲れている時などはズルをしたくなるかもしれない。痩せ我慢をしてでもズルをしないでいただきたい。

例3「雨水トイレ」

「ウンチとオシッコを流すのに、月に幾ら払っている？」という問には、誰も答えられない。トイレ用も風呂用も洗濯用も炊事用も、まとめて二ヶ月に一回、銀行自動引き落とし。だから、トイレのために幾ら払っているのか、誰も知らない。

しからば教えて進ぜよう。トイレに使用する水は、月に7.6㎥で、二四六四円。東京都で四人家族の場合だ（都の統計による）。上水道代と下水道代が半々だ。値上がり傾向なので、三年先を予想すれば、月に三〇〇〇円。二〇年でナント七十二万円だ。

そこで、本書の「自給自足を愉しむ」の欄で紹介した「雨水トイレ」という月3万円ビジネスはどうだろうか？　屋根に降る雨水をタンクに溜めておいて、ウンチやオシッコは雨水で流す。平均的な戸建て住宅の屋根に降る雨の量は年に約２００㎥。この45％を使えば、トイレ用の水はタダになる計算だ。

現実にはタダにはならない。雨は平均的には降らないからだ。東京都のデータを使って計算すると、80％程度の雨水利用率になる。タンクの容積が１㎥の場合だ。タンクが空になったら、水道水に自動的に切り替わる。この程度の装置はワケなくできる。80％の雨水利用率だとすれば、二〇年間で節約できる水道料金はナント五十八万円。

この設備を一〇万円で請け負う。二〇年間で五十八万円節約できる雨水トイレに一〇万円を払ってくれる人を、月に一人探すのは難しくない。材料費は七万円。月に一軒だけ注文を受けることにすると、月の収入は三万円。所要日数は一日程度。

日本は水資源が豊富……と思っている人は多い。しかし、それは昔の話。今は水が足りない。これからは、ますます足りなくなる。だから、水を大切にしよう……と考えたり、活動している人は、実は多い。こういう社会運動と連携すれば、月に一人の注文は、もっと楽に得られるはずだ。

雨水トイレ

一般の競争ビジネスでは、仕事と社会運動と文化活動と家庭は、相対するものとなることが多い。仕事を熱心にすると妻との関係が冷たくなる。仕事をサボルと給料が下がって妻との関係はやはり冷たくなる。社会運動を熱心にすると出世に響く……という具合だ。「月3万円ビジネス」では、仕事と社会運動と文化活動と家庭をなるべく融合するようにする。

水を守る社会活動をすれば「雨水トイレ」という月3万円ビジネスも上手く行く……という具合だ。

例4「モバイルカフェ」

非電化コーヒー焙煎器を十五年ほど前につくってみた。この焙煎器でコーヒー生豆を煎るのに五〜六分、冷ますのに一〇分、煎った豆を挽くのに五分、お湯を通して淹れるのに五分……一杯のコーヒーのためにナント二十五分も掛かる。このスローなコーヒー焙煎器が、十五年間でナント二万台以上売れた。営業努力を全然していないのに。

四〇年前だったら、きっと一台も売れなかっただろう。一分一秒を争って生きていた忙しい時代だったからだ。やがて、時代が変わった。スローライフとかスローフードという言葉が日常用語になった。「手足を使い技を磨くことは愉しい」という、ごく当たり前のことに気づく人が増えた。

考えてみると、一杯のコーヒーのために二十五分というのは、最高の贅沢なのかもしれない。なにしろ、「煎りたて・挽き立て・淹れ立て」のコーヒーは絶品の美味しさだ。その上、煎る・挽く・淹れるの全過程も愉しんでしまう。

しかも「煎りたて・挽きたて・淹れたて」のコーヒーは、酸化する暇が無いので健康によい飲料だ。コーヒー生豆の価格は、煎った豆の半額程度だ。

そこで、「煎りたて・挽きたて・淹れたて」の、美味しくて健康的なコーヒーを安価で愉しんでもらう……というビジネスはどうだろうか。月に二回だけ「コーヒーパーティー」を開く。場所は十二人の友人宅を順繰りに使わせてもらう。参加費は一人四〇〇円。参加者は八人程度。四〇〇円から材料費二〇〇円程度を差し引いた二〇〇円は、場所を提供して下さった方の光熱費に充てる。「煎りたて・挽き立て・淹れたて」のコーヒー+焼きたてクッキーを愉しんでもらう。僕の経験では、コーヒーの美味しさに感激して、自分で「煎りたて・挽きたて・淹れたて」コーヒーを毎日飲みたい……という方が八人の内に一・五人は現れる。

その方に、コーヒー焙煎器（五〇〇〇円程度）とオーガニックのコーヒー生豆を提供する。コーヒー焙煎器の利幅はチョッピリだし、一度買えば五〇年くらいは使えるから、焙煎器の販売利益は無視する。

コーヒー焙煎器「煎り上手」

一年後には三十六人の「煎りたて・挽きたて・淹れたて」コーヒーマニアが誕生する。

一人のコーヒーマニアは、家族やお客さんの分を合わせると、年に10kgほどのコーヒー生豆を必要とする。一杯分は10gくらいなのだが、年に千杯分くらい必要だからだ。煎った上質の豆だと、1kg分の価格は四〇〇〇円程度だ。そこで、オーガニックの、つまり農薬も化学肥料も使わない上質の生豆を一キロ当たり二五〇〇円程度、つまり煎った豆の60%程度で提供する。購入した方は、年に一万五〇〇〇円ほどの節約になる。だから五〇〇〇円程度の焙煎器は負担にならない。三十六人の購入額合計は年間で九〇万円。その内の四割程度が手数料収入になるから、年間の収入は三十六万円。つまり月三万円だ。

二年目からは、コーヒーパーティーの回数は月に一回に減らす。コーヒー焙煎器を購入したけれど飽きてやめてしまう方もいるから、減った分を補うくらいの新規購入者が現れないと、収入は減る。どれくらいの人が飽きるかというと、飽きさせない努力をすれば10%程度、努力をしなければ30%くらい……というのが僕の経験値だ。努力をすることを前提にすれば10%、つまり年に九人程度の新規購入者を誕生させる。飽きさせない努力はどうやるのかというと、例えば、月に一度のコーヒーパーティーに招いて、新種のコーヒーや新種のブレンドを愉しんでもらう。もっと大切なのは、会話や温もりのある人間関係を愉しんでもらうことだ。人がモノを買うか買わないかの決断の分かれめは、「いいものが安い」という合理性がすべてではない。「愉しいから買う、不愉快だから買わない」という要素の方が時には大きいこともある。だから、愉しんでもらう努力は必須だ。一般のビジネスでは、新規に売ることばかりに力を入れる傾向がある。だから、年毎に売れなくなって辛くなる。月3万円ビジネスでは、温もりのある人間関係が土台だから、そんなドライなことはしない。

例5「共同購入サービス」

OneBOGという言葉を聞いたことがおありだろうか。One Block Off the Gridの略語だ。サンフランシスコを中心に米国で流行っている共同購入のことだ。

OneBOG社という社会的企業が共同購入を代行する。OneBOGで扱う商品は太陽光発電装置のみだ。地域を限定して、ネット上で共同購入希望者を募る。希望者が一〇〇人に達すると複数のメーカーや設備業者と値段交渉する。品質とサービスを伴うことは必須条件だ。太陽光発電のことを熟知した担当者が、一〇〇軒分をまとめて交渉するのだから強い。

消費者にしてみればOneBOGは心強い味方だ。業者に騙されたり、高い買い物をさせられる心配が無くなる。〇八年にサンフランシスコからスタートしたOneBOGは、全米各地に急速に広がった。今では、OneBOGの会員登録数は約三〇万人に達し、太陽光発電装置の取り扱い高は全米一位になった。

消費を巡るトラブルは、日本でも日常茶飯事だ。消費生活センター等への相談件数は年毎に増え続け、年間百万件に迫る勢いだ。住宅・アパート・保険・車・英会話・太陽熱温水器・通信・ファンド型投資商品・化粧品・健康食品・消火器・美容器具……等々、騙された消費者の苦情のオンパレードだ。騙されるのは消費者が孤立しているからだが、実はほとんどの消費者は孤立している。

しからば「共同購入サービス」という月3万円ビジネスはどうだろうか。例えば、太陽光発電装置の共同購入。太陽光発電装置は一軒当たり平均約二〇〇万円と高額だ。先ず、導入を検討している人を五人以上集める。夫々の家の電力消費量や屋根の向きや大きさなどを下調べした上で、メーカーや設備業者と交渉する。品質・サービス・価格の点でベストな答えを消費者に提案する。商談成立の場合には、消費者側から購入額の2%を手数料として頂く。五人の内の三人が商談成立したとすると、手数料収入は約十二万円。年に3ラウンド回すとすると、月の収入は三万円。要する日数は月平均二日程度だ。

太陽光発電に限る必要は無い。太陽熱温水器でもいいし、車検、プロパンガスや火災保険や合併浄化槽管理の業者&価格の見直し……等々、共同購入のテーマはたくさんある。孤立した消費者を繋いで助けて上げていただきたい。

例6「余剰野菜配達サービス」

野菜や穀物を栽培している人は誰でも知っていることだが、作物が実る時には一斉に実る。だからどこの家でも一斉に余ってしまう。余った白菜を近所に配ると、次の日には別な家から白菜が届いたりする。昨日も隣の家から大量の里芋が届いた。僕の家でも出来すぎた里芋をあっちこっちに配っているのだが……。

余剰野菜は田舎の人同士では大した価値は生まれない。町に行けば話は違う。田舎では余剰でも町では高く売られている。そこで、田舎の余剰野菜を町の人に安く届ける……という月3万円ビジネスはどうだろう。

田舎と町が隣接しているロケーションを選ぶ。車で二時間くらいの距離がベストだ。田舎に住むAさんと、町に住むBさんが組んで月に合計六万円を稼ぐビジネスモデルだ。田舎に住むAさんは、十軒ほどの兼業農家と仲良くする。専業農家でもいいのだが、小さな話は面倒がられるので、兼業農家の方がよさそうだ。月に二回だけ兼業農家を軽トラで巡回する。余剰野菜を中くらいのダンボール箱二十五個分だけ集めてくる。十軒の兼業農家を回ればダンボール箱二十五個分は余裕で集められる。ダンボール二十五箱は軽トラに余裕で積載できる。この二十五箱を町に住むBさんに軽トラで届ける。

町に住むBさんは、自分の軽トラで、契約している二十五人のお客さんに届ける。二十五人のお客を確保するのは、もちろんBさんの仕事だ。一箱当たり一五〇〇円頂く。すると月に合計七万五〇〇〇円の収入になる。この内一万円を兼業農家に戻す。一軒当たりたった千円の収入だが、多分喜んでくれる。

ガソリン代と段ボール箱代が五〇〇〇円。残った六万円を二人で分ける。つまり、一人の収入は月三万円だ。働く時間は月に二日間だ。

一般の野菜ビジネスはお客の需要に合わせて農家が供給する。しかし工業製品と違って、野菜の出来高は天候に左右されて変動する。だから需要に合わせるためには、生産を過剰にしておかなくてはならない。実は野菜が高い理由の一つはこれだ。余った野菜は、価格を暴落させないために捨てられているということは周知だ。然らば、需要を供給に合わせてもらったらどうだろう。つまり、出来高で野菜を箱に詰めて届ける。これなら余らない。お客は箱を開けて見るまでは何の野菜を買ったのか分からない。でも旬の新鮮な野菜を安く手に入れることはできる。三〇年前に、無農薬の水耕栽培でつくった野菜をこの方法で販売してみたことがある。僕が発明（?）した方法と思っているが、誰かが先に試みているかもしれない。一箱当たり三〇〇〇円＋送料を頂いた。結果は大好評だった。この方法は今日ではポピュラーだ。相場はやはり三〇〇〇円＋送料と、変わらない。

一箱当たり三〇〇〇円＋送料として、月に二回届けることにすると、お客さんは月に七〇〇〇円ほど支払うことになる。月3万円ビジネスでは月に三〇〇〇円の支払いで済む。だから、二十五人のお客を確保するのは容易だ。なぜこんなことが出来るかというと、自分の軽トラで月に二日間走るだけの量におさえたからだ。

この月3万円ビジネスのように、別な土地に住む二人が組んで月に六万円……というビジネスモデルはたくさん考えられる。例えば魚が獲れる漁村に住むAさんと、海が無い町に住むBさんが組んで、月に一回、新鮮な魚を箱一杯届ける。魚の種類は開けてみなければ分からないけど、新鮮な魚をたらふく食べて月に三〇〇〇円……、二十五人くらいのお客が確保できないとは考えられない。

例7「CSAビジネス」

CSAがアメリカとカナダで盛んだ。約千地域で十万人以上が参加している。CSAはCommunity Supported Agriculture の略。住民が同じ地域の農家を支援する。典型的な方式は、シーズン前の一括前払い制で、シーズンには段ボール箱詰めの野菜や果物を週に一度受け取る。豊作ならタクサン、凶作ならスコシ受け取る。つまり利益もリスクもシェアーする。

農家にとって何より辛いのは、収穫や収入が安定しないこと。豊作だと価格が安くなり、凶作だと収入が乏しくなる。お金は先に出て後からしか入ってこない。だから農家にとってはCSAは有り難い。経営が安定する。農家の経営が安定することは、住民にとっても有り難い。地元の野菜や果物を安定的に入手できるからだ。地元の農家という安心もある。

アメリカのCSAは、日本の「生活クラブ」を中心とする産直連携をルーツとする……と言われるが定かではない。産直連携とCSAは、農家と消費者とが直接に連携するという点では同じだが、リスクをシェアーするという点では異なる。農家にとってはCSAの方が経営が一層安定して、良い作物をつくることに専念しやすい。消費者との結びつきも強くなる。

最近になって、日本でもCSAをオルガナイズする企業やNPOが現れ始めた。主に有機農家を支援する活動を展開している。身体にも地球にも安心な農業の進展という点で好ましい傾向だと思う。しかし、これらの企業やNPOは数が少なすぎる。全国各地で有機農業に励む農家には恩典が届かない。例えば、北関東の栃木・群馬・茨城には僕の知る限りCSAは存在しない。

兵庫県宝塚市の浜畑有信さんの月3万円ビジネスはCSAベジカフェだ。カフェと八百屋が渾然一体となったベジカフェを拠点にしてCSAを展開する。ただし、思い切り小規模にする。有機農家十軒と自然派地元民数十人だけのＣＳＡだ。

有機農家一軒あたりの地元消費者は数人に留まる。「それでは農業が成り立たない」と思うかもしれない。確かに大規模農家ならそうだ。桁が二つほど小さい。だが、浜畑さんが支援する有機農家は小規模農家だけだ。生計を農業だけには依存しない複業農家ばかりだ。浜畑さん自身も大規模展開ではなくて、思い切り小規模の月３万円ビジネスだ。だから成り立つ。

何でも大きければいい……というものではないと僕は思う。特に農業はそうだ。大きければ大きいほど環境持続性と健康は破壊されるような気がしてならない。思い切り小さい、月三万円ＣＳＡビジネスの意義は大きい。

例８「出張修理サービス」

農業機械はよく壊れる。修理費は高い。例えば田植機。修理費は年に一〇万円ほど……というのが常識だ。貸し借りして故障するとヤヤコシイ。

故障するのは、トラクターや田植機だけではない。稲刈り機、籾摺り機、チェーンソー、エンジン刈払機、軽トラ、油圧ショベル……みんな故障する。故障するたびに専門家に修理を依頼すると、膨大な支出になる。

武樋さん

膨大な支出になる理由は、機械毎に修理会社を代えなければならないからだ。しかも修理会社は遠方にしか無い。修理会社だって大儲けしているわけではない。いつ来るか分からない修理の依頼に備えて、技術者を待機させておかねばならない。

しからば、どんな機械でも直せる機械修理請負人が近くにいたらどうだろうか。しかも、複業で生きているから、暇で遊んでいる時間の分まで修理費に上乗せすることもない。

武樋孝幸さん（福島県西会津町）の月3万円ビジネスは、まさに機械修理請負人だ。どんな機械でも時給千円＋部品代実費で直す。地域の人は大喜びだ。もちろん武樋さんでも直せない故障はある。その場合だけは、メーカーに繋ぐ。高い請求書が届かないようにも配慮して上げる。

武樋さんは大学工学部の教員生活にピリオドを打って、田舎に移住した。月3万円ビジネスの複業を実践している。「オートバイの足回りフルメンテナンス」もその一つだ。

愛車で乗り着けてもらい、フロントフォークオーバーホール、ステムシャフトやスイングアームピボットの分解グリスアップの技術指導をする。各種特殊工具および設備の貸し出し、一泊二日三食付きで四万円。「どうせお金をかけるなら、いっしょに技術を身につけてしまおう」というのが、武樋さんからの呼びかけだ。

いろんなコミュニティーが育ち始めた。一つのコミュニティーの中に一人か二人、武樋さんのような人が存在する意義は大きい。

例9「高齢者のためのパン教室」

西堀智子さん（大阪市）の月3万円ビジネスは、シニアー・パン教室だ。高齢の生徒に、月に一回だけレッスンをする。レッスン代は材料費込みで五〇〇〇円。生徒たちは、この一日が待ち遠しくてたまらない。

パンを捏ねたり焼いたりする作業は愉しい。会話が弾むからだ。香ばしい匂いに包まれると、優しい気持ちになる。だから会話も優しくなる。焼き上がった時の達成感もハンパではない。そして何よりも、焼きたてのパンは美味しい。

生徒は土産のパンをタクサン持って帰り、家族や友人にプレゼントする。家族や友人は、とても喜んでくれる。年寄りが焼いたものなんて……とは誰も思わない。焼きたてパンの

シニアー・パン教室

魔術だ。高齢者の生徒にとって、家族や友人に喜ばれるということが、何よりも嬉しい。

この国では、年寄りは憐れまれるか蔑まれる。そして放ったらかしにされる。最近の傾向だ。蔑まれるよりは憐れまれる方がマシかもしれないが、誇りは傷つけられる。一体、いつからこんな国になってしまったのだろうか。

西堀さんのシニアー・パン教室は素晴らしい。年寄りを憐れまない。もちろん蔑まない。パンをつくるだけ。それで年寄りに愉しみが増え、誇りが戻る。

シニアー・パン教室は、パン工場のような設備は必要無い。パンこね機と、家庭用のガスオーブンさえあればできる。ホイロ（発酵槽）のような高価な設備は無くても、発酵させることは難しくない。パンづくりが得意な方は、西堀さんを見習って、年寄りが誇りを取り戻すお手伝いをしてはどうだろうか。

例10「ソーラーシスターズ」

オーストラリアのブリスベン近郊に「ソーラーシスターズ」という有名な姉妹が住んでいる。名前から、妙齢の美人姉妹と想像したのだが、期待は裏切られた。でもガッカリはしなかった。姉妹のビジネスモデルに感心したからだ。インターネットで予約しておいて、決められた時間に集合場所に行くと、姉妹が待ち構えている。先導してくれる姉妹の車に、参加者の車が随う（したが）。僕たちが行った時は六台で十五人だった。

次々に「エコハウス」に案内してくれる。エコな工夫や努力をしている一般の家ばかりだ。各家では主婦がガイドになって熱く語ってくれる。例えば、調理用の薪ストーブにガスバーナーがセットされていて、薪の着火はガスコックをひねるだけ。「薪は着火が面倒だから使わないなんて人は知恵が足りないのよ！」といった調子で得意そうに話してくれる。参加者は次々に質問する。主婦はますます熱くなる。

環境関連の見学というと、研究所だとか、エコパーク巡りがお定まりだが、リアリティに欠ける。ソーラーシスターズが案内してくれるのは「一般の家」ばかりだから、実感が湧く。直ぐにでも採りいれたい知恵がたくさんある。参加者は全員が喜んでいた。

ソーラーシスターズのビジネスモデルを、月３万円ビジネスに仕立て直してみた。月に二回、自分が住む地域の六軒の「一般の家」（？）に、ソーラーシスターズが案内する。もちろん、エコな工夫や努力をしている素敵なエコハウスだ。参加者の募集は主にインターネットで行う。案内料は一人二〇〇〇円。一回当たりの参加者は十五人に限定する。

合計の収入は月に六万円。内二万四〇〇〇円を「一般の家」に支払う。一軒当たり月四〇〇〇円だ。燃料代等の経費を六〇〇〇円とすると、収入は月三万円。要する時間は月に十六時間くらいだ。

「月に四〇〇〇円ぽっち貰うだけで、月に二回も見知らぬ人に家の中まで見せたい人がいるはずが無い」と思うだろうが、そうでもない。自分の工夫や努力の成果を多くの人が見に来てくれて褒めてくれる……こういうことに快感を覚える人は意外に多い。その上に小遣いが入るのだから、悪い話ではない。見学者と意気投合して、友情が生まれる可能性だってある。

この月3万円ビジネスは、何もエコに限る必要はない。ガーデニングが好きでたまらない家庭を案内して回る「フラワーシスターズ」、セルフビルドが得意な人の家を訪ねる「カーペンターブラザーズ」……などなど。いろいろ考えてみていただきたい。

例11「薬草ワークショップ」

〝薬草ビジネス〟は奥行きが深い。薬草酒や薬草安眠枕のような簡単な所から入って、徐々に知識・経験を深め、薬草自家栽培のレパートリーを広げてゆく。中級篇、上級編のビジネスにステップアップできる。

中級篇というのは、例えば『薬草カフェ』（後出）。韓国ソウル市には薬草カフェがたくさんある。落ち着いた雰囲気の店ばかりだ。メニューには薬草茶が数十種類並んでいる。薬草の名前と効能も詳しく記載されている。味もよい。そして流行っている。日本の近未来像が見えるような気がする。ここまでくると月3万円ビジネスの領域は超える。

月3万円ビジネスに限れば、初級篇がいい。そこで、初級篇の薬草ビジネスをもう一つ紹介する。福留晴子さん（神奈川県逗子市）の月3万円ビジネスは「薬草ワークショップ」だ。平凡だが参加者からは大変に喜ばれる。

まずは薬草を育てる。採取した薬草の葉や茎や根を乾燥させる。薬草の煎じ方を修得して、煎じて服用する。それだけのワークショップだ。ひと月おき、年に六回の連続ワークショップだ。六回の中で薬草の効能、育て方、乾燥方法、煎じ方、服用方法を実践的に学ぶ。多種の薬草を育てることは困難なので、他から入手した薬草も使う。

なんだかマジメ過ぎてつまらなそうに感じるかもしれないが、評判は良い。医者任せにしないで、自分の健康を自分の努力で増進させることに喜びを感じる人は、意外に多いからだろう。それと、薬草を乾燥したり、薬研(やげん)で砕いたり、土瓶で煎じたりするのは案外と愉しい。

普通だと、少しくらい具合が悪くても我慢する。だいぶ悪くなってから病院に行く。すると、やたらに検査されて、対処療法的な強い薬を渡される。症状は緩和されても、他の所が不調になったりする。いつも不定愁訴に見舞われている。薬を飲んでいないと落ち着かない。こういう半病人が圧倒的に多い。現代医療の負の側面だ。なんだか変だ……と誰もが感じ始めている。

薬草を自分で煎じて服用する。いつ服用するかというと、ほんの少し具合が悪い時だ。この段階ならば、自分の免疫力・自然治癒力を薬草で補ってあげれば元に戻る場合が多い。積極的な気持ちが自然治癒力を高める効果もある。

ワークショップに参加した人には、継続的に薬草を提供する。ステップアップしたい人には中級コースや上級コースを用意してあげる。もちろん、自分のステップアップを先行する。いいビジネスになると思う。

例12「アップサイクルアート」

高度経済成長という時代が五十年も続いた。長すぎたからツケが溜まりすぎた。環境へのツケ、安全へのツケ、地方へのツケ、子供へのツケ、年寄りへのツケ、心へのツケ……とにかくツケだらけだ。だからツケ払いの時代がすでに始まっている。

しかし貧しい昔へ逆戻りしたくはない。だから喘いでいる。国も喘いでいるし、地方も喘いでいるし、若者だって喘いでいる。

Freitag のアップサイクルバッグ

しからば、リサイクルではなくてアップサイクルというのは、どうだろうか。貧しい昔への逆戻りではなく、新しい豊かさを愉しみながら、ツケを払う。この視点で考えると月3万円ビジネスのテーマはたくさん生まれる。なにしろ、月に三万円だけ稼げばいいのだから。

アップサイクルの一つはアップサイクル・アート。例えば英国エルビス&クレーゼ社が、廃品の消防ホースからつくったバッグは有名だ。デザインがステキで長持ちする。スグレモノだ。その割には安い。だから良く売れている。

「廃品利用だから、商品性は低くてもいいだろう！」では、ただのリサイクルになってしまう。アップサイクルとリサイクルの違いをよく理解していただきたい。先ずは商品としてステキで、それがナント廃品利用だったというビックリが加わる。自称エコ派としては、購入して自慢せずにはいられない。

米国のアマンダさんがプラスチックボトルからつくった蜂はとても可愛い。アップサイクルではあるが、アートのレベルには遠い。このレベルでは、月3万円ビジネスといえどもキツイ。

ドイツのプラネット・アップサイクリングという店に並ぶ商品はアップサイクル・アートのレベルと言ってよさそうだ。自転車の古タイヤを切り刻んでつくったブレスレットはスゴイ！

Upcycledというキーワードでネット検索していただきたい。実例が山ほど出てくる。ヒントにして、「新しい豊かさ」を実感できる月3万円ビジネスを、たくさん考えてみていただきたい。ビジネスとしては、ワークショップのスタイルでもいいし、カフェやレストランの片隅に展示して委託販売というスタイルでもいい。「ステキ&ビックリ」のレベルに達していれば、月に三万円稼ぐことは難しくない。「ダサイ&平凡」のレベルでは、月に三〇〇〇円稼ぐことすら難しい。

すでに始まったツケ払いの時代を愉しく生き抜くには、シナヤカなセンスがきっと必要なのだと僕は思う。

例13「タンドールでナンを焼く」

本書の「愉しい自給自足」の欄では、五〇個ほどの自給技術を紹介した。これらの一つ一つの自給技術から三個くらいの月3万円ビジネスを生み出すことは、さして難しくない。例えば、ガラス瓶浄水器を自作する例を紹介した。この浄水器をつくるには、ガラス瓶の底に孔をあける技術が必要だ。ワークショップなら、二〇分のトレーニングで、できるようになる。ガラスに孔をあけられるようになると、細めの空き瓶をキャンドルランタンにアップサイクルできる。ガラス瓶をカットする技術もついでに必要だが、こちらの技術は一〇分のトレーニングで十分だ。太めの空き瓶があれば、孔をあけて、蛇口を取り付ければ、オシャレなウォーターサーバーができる。美

自作のタンドールでナンを焼く

しいガラス破片が手に入れば、孔をあけてアクセサリーにアップサイクルできる。

「タンドールをつくってナンを焼く」という自給技術も紹介した。タンドール制作技術が身に付くと同時に、ナンやタンドリーチキンを焼く技術、スパイスカレーを調理する技術も習得できる。これだけの技術があれば、月3万円ビジネスへの展開は容易だ。例えば、「焼きたてのナンとスパイスカレー」をマルシェで出店する。僕の弟子たちが、よく出店するが、行列ができなかったことは一度もない。タンドールそのものを販売してもいい。タンドールを制作するワークショップも人気だ。タンドールの構造を少し変えれば、ポータブルパン焼き窯になる。ここから別な月3万円ビジネスが生まれる。

非電化工房住み込み弟子のための「自給技術トレーニングメニュー」というものがある。タンドール制作も含めて、自給技術が三〇〇個、A3サイズ一枚にビッシリ並んでいる。一個の自給技術からスモールビジネスが三個は生まれるとすると、この三〇〇の自給技術メニューは、「九〇〇のスモールビジネスメニュー」を意味する。宝の山だ。

修行期間は一年だけだから、三〇〇個の技術すべてを修得することは難しい。一〇〇個でも上出来だ。でも、弟子たちは分かっている。習得していない残りの技術は、その気になれば習得できることを。宝の山を手に入れた弟子たちの未来は明るい。

例14「バウムクーヘンを焼く」

焼きたてのナンをマルシェで販売したら行列ができた……という話を書いていたら、バウムクーヘンの話を思い出した。ナンと同様に、僕の弟子の話だ。マルシェやアースデーでバウムクーヘンの実演販売をしたら、ナンよりも長い行列ができた。

日本人なら誰でもバウムクーヘンを知っているだろうが、バウムクーヘンのつくり方は誰も知らない。竹竿にバウムクーヘンの生地を塗り、炭火の上で回転させる。表面に焦げめが着いたら生地を塗って回転させる。所定の太さになったら焼き上がり。竹竿から抜いて輪切りにすれば、焦げめが木の年輪のように同心円を描くバウムクーヘンの出来上がりだ。

このたわいない実演販売がイベントでは人気を独り占めする。ゆっくり回転して、焦げめが着いたらまた塗って……と

自作のバウムクーヘン製造機

いうスローテンポが人の気持ちを和らげる。段々太くなってゆくのが嬉しい。食欲を掻き立てる香ばしい匂いが漂うのが決定的だ。行列ができないわけがない……と僕は予想した。バウムクーヘン製造機を設計して、弟子につくらせた。メルヘンデザインにしてみた。制作は簡単だ。五回ほど練習して、いざ本番。結果は……予想通り、行列ができた。二日で三万円という月3万円ビジネスのオヤクソクは軽くクリアーした。

ワクワク・ドキドキする空間をつくり、ワクワク・ドキドキする時間を過ごす。これだけでいい。難しく考える必要は無い。ワクワク・ドキドキする空間があれば、人は集まる。ワクワク・ドキドキする時間を過ごせば、人は愉しい。愉しければ人はお金を払ってくれる。縁日の大道芸のようなものだ。これもスモールビジネスで愉しく稼ぐ方法の一つだ。

例15「アートなガラス瓶保存食」

ピクルスやジャムなど、ガラス瓶保存食にはだれもが世話になっている。自分でつくって保存する……のは昔の話。メーカーがつくったものを買ってくるのが、今はほとんどだ。合成保存料入りがほとんどで、それを冷蔵庫に保管するのがほとんどだ。合成保存料や冷蔵に頼らなくても、旬の食品を長期間、美味しく保存できるのが、ガラス瓶保存食だったはずなのに。なんだか変だ。

ガラス瓶保存食は、二百年ほど前にフランスで始まった。二百年たった今でも、自分でつくって愉しむフランス女性が圧倒的に多い。合成保存料も合成着色料も使わない。冷蔵庫ではなくて、棚に美しく並べる。時には友だちにプレゼントする。なんだかステキだ。フランス女性は、ル・パルフェ製のガラス保存瓶をよく使う。フランス人に敬意を表して、僕たちもル・パルフェに統一している。統一すると本当に美しい。

アメリカ人女性も、自分でつくるのが好きだ。ポートランド在住のブルック・ウィーバーさんは「キャニング・クラブ」という交換会を主催している。自分でつくったものだけでは食べ飽きてしまうからだ。テストで不正をするカンニング（cunning）ではなくて、ガラス瓶保存食という意味のキャニング（canning）だ。お互いのレシピをカンニングするのではなくて、教え合う。月に一度の交換会には、六〇人くらいが参加し、持ち寄ったキャニングは三〇〇個くらいになるという。なんだか愉快だ。

ガラス瓶保存食

「アートなガラス瓶保存食」という月3万円ビジネスはどうだろう。旬の野菜や果物を、酢漬けやピクルス、砂糖漬け、塩漬けにする。大事なことが三つ有る。先ずは旬のオーガニック野菜や果物を選ぶこと。二つめは合成添加物ゼロで美味しく味付けすること。三つめはアートにすること。長期保存できればダサくてもいいだろう……では貧しい昔に戻ってしまう。新しい豊かさの実現に、アートは必須だ。

　ガラス瓶保存食のワークショップを月に一回だけ開く。会費は材料費込みで二〇〇〇円程度。ブルックさんにならって月一回の交換会も開催する。過去にワークショップに参加した人全員が交換会の対象だ。

　会員に、美しいガラス瓶や、旬のオーガニック食材、スパイスを手頃な価格で提供する。このような材料提供による収入とワークショップ収入を合わせると月三万円程度の実収入になる。要する時間は二日だけだ。

　アート度のアップに加えて、愉しさのアップも忘れないでいただきたい。ビジネスが長続きしない原因の一番は、愉しさの演出を忘れてしまうことにある。そして愉しさの一番は美味しいことで、二番は温もりのある人間関係、三番は雰囲気、達成感が四番目……僕の持論だ。

4 愉しい仕事の実例

非電化パン屋

非電化パン屋プロジェクトを紹介する。とても愉快なプロジェクトだと僕は思っている。七人のメンバーで、このプロジェクトは始まった。内二人は僕の非電化工房に一年間住込みで修行した青年だ。だから家の建築や石窯の制作はできる。初めに栃木県真岡（もおか）市の小林有子さんのパン工房を三ヶ月でつくることにした。店を兼ねた工房だ。予算は三〇万円。元弟子二人は小林さんの実家に住み込んで週に五日間、工事に携わる。四人は週に二〜三日、通いで工事に加わった。予定通り、三ヶ月で完成した。費用も三〇万円に収まった。二〇一三年秋に完成して、晴れてパン屋をオープンした。

次は長野県松本市の伊藤さんのパン屋の建設だ。小林さんのパン屋建設に伊藤さんも加わって技術を修得したし、小林さんの工房とまったく同じ設計なので、元弟子二人は抜けて、新しいメンバーが加わる。伊藤さんのパン屋が完成すると、次は千葉県の牧村秀俊さんのパン屋……という具合に、順番に繋げて行く。

このプロジェクトの何処が愉快かという話をする前に、この国でパン屋を開業する時の平均像を披瀝したい。統計に基づく正確な平均像ではない。僕の見聞から導いた平均像だ。三年間ほどパンづくりの修行をする。夢と希望に満ちた三年間だ。開業となると店を借りることになる。家賃は月に十二万円。通りに面しているので高い。次に設備を整える。電気窯やホイロ（発酵槽）、電気冷蔵庫、車などなど、しめて五〇〇万円。このリース代が月に一〇万円。開業すると電気代が月に十五万円。ここまでで月に三十七万円の経費となる。

三十七万円分を稼ぐためには、週に最低でも六日は営業せざるを得ない。個人では無理なのでスタッフを雇う。スタッフの人件費が月に四〇万円。先の三十七万円と合わせると月に七十七万円。ここに一家四人の家計費三十五万円が加わる。合計一一二万円がひと月に必要だ。

月に一一二万円を稼ぐためには、パンを一五〇万円ほど売らなくてはならない。そのためには、朝五時から夜十一時まで、キリキリ舞をして働く。そして十年で身体を壊して、借金を残して廃業する。これが僕が知っている平均像だ。平均だから、もっと幸せなケースもあれば、もっと悲惨なケースもある。

十年で身体を壊して借金を残して止めるのが平均像だとしたら、こういう仕事のあり方が本当に幸せなのだろうか。確かに売上は大きい。国にたとえればＧＤＰが大きい。しかし売上の行き先はリース会社・電力会社・家主だ。リース会社を経由して電機メーカー、自動車メーカー。不動産屋や家主を経由して建築・土木業。結局のところ金融・エネルギー・電機・自動車・不動産・土木・建築、以上終わり。日本の経済の縮図だ。

非電化パン屋のＧＤＰは小さい。週に三日しか営業しないからだ。自作の石窯だし、ホイロも自作だから、リース会社への月一〇万円は要らない。電気を使わないでパンを焼くので、電力会社への十五万円も要らない。営業時間が短いので、スタッフは要らない。結局月七十七万円は出て行かない。すると週に三日だけ営業すれば十分だ。自由時間が多いので自給率を上げられる。家計費も二十五万円ほどに縮まる。売上は五〇万円もあれば十分だ。

小林有子さんの非電化パン屋

実際に小林有子さんは週に三日だけ営業している。後の四日は大好きな果物つくりと野菜つくりを愉しんでいる。果物は無添加のジャム、採りたての旬の有機野菜はサンドイッチに……という具合に、パン屋との相性も良い。身体は疲れないし、ストレスも溜まらない。友だちも増える一方だ。売上は先の平均像の三分の一程度だが、どちらが幸せだろうか。

非電化パン屋の方が幸せだと考える人が多いような気がする。ならば、どうして実行できないのだろうか。一人ひとりが孤立して競争しているから……というのが僕の意見だ。だから仲間をつくって、奪い合わないで分かち合うという仕事のあり方があってもいいと僕は思う。

非電化カフェ

非電化カフェを六年前につくった。非電化工房（栃木県那須町）の入り口にある。デザインはジンバブエの人の家を真似た。アフリカ南部に位置する小国だ。世界一貧しい国と言われたこともある。ジンバブエの人の家を見て「ステキだ！」と思った。十五年前の話だ。不思議な気がした。自分たちよりも金持ちの国の金持ちの家をステキと思い、ああいう家に住みたいと願って高度経済成長に付き合って励んできた記憶があるからだ。なのになぜ、ジンバブエ人の家を見てステキと思ったのだろう。僕だけが特別なのだろうか？

ジンバブエ人の家の写真と、日本のミサワホームの写真を並べて、多くの日本人に見てもらった。「どっちがステキ?」と聞くと、半分くらいの人はミサワホームを選んだが、半分くらいの人はジンバブエを選んだ。「この家に住みたい!」と叫んだ女性もいた。

　半分くらいの人はなぜジンバブエ人の家をステキと感じたのだろうか? 僕の勝手な解釈はこうだ。この人たちは、人工的でゴテゴテした家はステキではない……と、なんとなく感じていたのではなかろうか。こういう人は、自然でシンプルな家にこそ人間性を感じているのかもしれない。

　ジンバブエの人は、貧しいので高級な材料を買えない。大工さんにも頼めない。だからタダで手に入る自然の材料を使って自分たちで家を建てる。技が無いのでシンプルな構造しか選べない。結果として、自然でシンプルな家になった。僕の解釈だ。

　だとすれば面白い。世界一貧しいと言われたこともあるジンバブエの家をそっくり真似して、タダ同然の自然の材料で、シンプルな家を自分たちで建てる。テーブルも椅子もコーヒーを淹れる道具も……

非電化カフェ

ナンダッテカンダッテ自分たちでつくる。はたして来客はあるのだろうか？

壁はストローベイルハウス、つまり藁と土の家だ。藁のブロックを芯にして、その両側を土で囲う。一番外側には漆喰を塗る。木の構造部を含めると壁の厚さは60㎝くらいになる。藁は稲作の副産物。土は自分の敷地内の土だ。屋根は杉皮を葺(ふ)いた。杉皮は太陽のエネルギーを遮断してくれるので、夏でも涼しい家を実現できる。床下には籾殻を詰めた。冬の断熱のためだ。杉皮も籾殻もジンバブエの真似ではない。室内の雰囲気もアフリカンテイストに徹してみた。

非電化カフェは、計六回のワークショップで建設した。非電化工房住み込み弟子も建設に参加した。ワークショップ参加者も住み込み弟子も建設には素人だ。その素人たちが、建物だけではなく、デッキも窓もドアも家具も自分たちでつくった。水道工事もトイレ工事も自分たちでやった。専門家の手は全く借りていない。総工費は五十万円。相場のざっと百分の一だ。

二〇一五年にオープンした。お客さんはホドホド来てくださった。来てくださった方は気に入ってまた来てくださる。感動を表明してくださった方も少なからずいらっしゃる。

お金をタクサンかければお客もタクサン来てくれる……そういう時代が長く続いたが、今はもうそういう時代ではない。お金をかけなくても、エネルギーは使わなくても喜んで来てくれる人は多い。大事なのは、お金をかけることではなくて、温もりのある家、温もりのある人間関係なのではないだろうか。僕はそう思う。

ストローベイルハウスのB&B

ストローベイルハウスは日本でもささやかなブームになっているので、ご存知の方も多いだろう。ストローベイル（藁のブロック）を積み重ねて壁をつくる。内側と外側に土を厚く塗り、表面に漆喰を塗って仕上げる。基礎や柱や屋根は木でつくる。つまり、土と木と藁でつくる家だ。トータルの壁の厚さは40～70㎝になるので、断熱性は抜群。夏は涼しく、冬は暖かい自然素材の家だ。つくり方の概略は、本書の愉しい自給自足の欄で紹介した。

壁が厚いのは断熱のためだけではない。断熱だけなら20㎝もあればいい。もっと熱くするのは、曲面や曲線に囲まれた家にするためだ。僕たちは普段は直線と平面に囲まれた家で生活する。直線と平面に囲まれた家は合理的だが、安らぎに欠けるきらいがある。曲線と曲面に囲まれた家は合理的ではないが、安らぐ。メルヘンの家のように、童心に戻れる。アントニ・ガウディの建築物は曲線だらけで魅了される。「自然界には直線は無い」というのはガウディの有名な言葉だが、本当にその通りだと思う。

ストローベイルハウスのもう一つの特徴は、ワークショップで愉しくつくれることだ。僕も何度か主催したが、参加者は例外無く大喜び。参加者同士も大の仲良しになった。肩書きや損得を抜きにした共同作業は、いつだって愉しいのだが、土塗り作業は飛び切り愉しい作業になる。

ストローベイルハウスのB&B

B&Bというのは、Bed & Breakfast の略、つまり朝食と宿泊だけを提供する宿泊施設のことだ。「夕食抜きの安宿のことか」とお思いだろうが、違う。どう違うかというと、ステキでヌクモリがある。

僕は欧米やオーストラリアに旅行する時にはなるべくB&Bに泊まるようにしている。五つ星ホテルに泊まるよりも思い出になるからだ。その上三つ星ホテルよりも安価だ。

僕が選ぶのは、個人が趣味で経営しているB＆Bだ。老後に住む家を趣味の限りを尽くして一軒だけ建てる。現役の内はB＆Bとして貸し出す。予約が入っていない時は自分の別荘として使う。だから個性的だ。客の到着予定時間に合わせて待ち受け、家の説明をしてくれる。朝食の材料を渡して、「じゃあねっ」という感じで自宅に戻ってしまう。娘さんがこの係りを受け持ったりする。つまり、専従のスタッフやシェフは不要だ。稼働率が低くたって気にしない。

B&Bの室内

「ストローベイルハウスのB＆B」というスモールビジネスはどうだろう。ワークショップでストローベイルハウスを建てる。小さな家を新しく建ててもいいし、古民家をストローベイルハウスに仕立て直すという方法もある。いずれにしても、お金を掛けないで建てる。上の写真を見ていただきたい。非電化工房にあるストローベイルハウスのB＆Bだ。住み込みの弟子が四人で建てた。四人とも大工経験は０（ゼロ）だ。所要期間は約三ヶ月、材料費は約二〇万円だ。部屋の広さはたった十畳だが、ロフトもあるので、四人までゆったり宿泊できる。もちろん、ステキの極みでつくったつもりだ。本当にステキの極みかどうかは、泊まりに来て確かめていただきたい。

土地代が不要な場所に、材料費だけで建てれば借金は不要だ。借金さえしなければ稼働率は低くても構わない。例えば友人に手伝ってもらったり、ワークショップを企画したりしてB&Bをつくったとしよう。非電化工房の弟子の例で言えば、四人で三ヶ月で二〇万円でできる。宿代の相場は一泊二万円だ。四人で使えば一人五〇〇〇円、「高い」と文句を言う人はいない。

このB&Bを本格的に運営すると、年に五〇～一〇〇泊ほどが期待できる。もちろんロケーションやステキさによって異なるのだが。年収は百～二百万円。

月に二泊だけしか客を取らないようにすると、年収四十八万円。個人的には、こちらのやり方の方が好きだ。月に二泊なら確実に予約を取れる。月に二泊だけなら、自由時間がタップリ取れて、いろんなことができる。

「せっかく建てたのに月に二回しか営業しないのは馬鹿らしい」と思うかもしれないが、それはお金をかけて建てた場合のことだ。お金をかけると、回収するために稼働率を高くしなければならない。稼働率を高くするためには営業活動に精を出さねばならない。上手く行って稼働率が高くなると、朝から晩まで働きづめになって疲れる。上手く行かなくて稼働率が低くなると……地獄だ。

ステキの極みなのに月に二回しか営業しないくらいが丁度いい。ウェイティングリストがいっぱいになる。部屋が空いている日は……イロイロ考えると愉しくなる。なぜこういうことができるかというと、お金をかけないからだ。それと仲間がいること。

仲間がいない場合は仲間をつくる。仲間のつくり方は後述する。ささやかな技術も必要だ。技術は、誰か一人が持っていればいい。エピソードⅣで、ストローベイルハウスのつくり方の概略を紹介したが、難しい技術ではない。詳しい人はタクサンいるので、一日かけて習いに行けばいい。

量り売りショップ

ドイツでは調味料や食料品の量り売りは常識だ。包装容器にパックされた食料品は少ない。ドイツのゴミ排出量は日本の4分の1……ということはよく知られているが、包装ゴミに限れば、排出量は日本の十分の一以下だ。

ドイツ人が大好きなハムやソーセージやチーズも量り売りが多い。ワインやビールや飲料水の量り売りもある。水の量り売りもあれば、お菓子の量り売り、小麦粉の量り売り、

ドイツの量り売りショップ

バターの量り売り、シャンプーや粉石鹸も量り売りだ。

　包装容器にパックされたものもあるが、少数派だ。「量り売りのものは新鮮」というイメージが浸透したからだ。パックしたものは一切無いというスーパーマーケットもある。例えばベルリンのOriginal Unverpackt。店名そのものが包装しないことを売りにしている。

　量り売りはドイツだけではない。ベルギーにもオーストラリアにも、アメリカにも、量り売りの店は増え始めている。実は日本にも量り売りの店はある。例えば徳島県上勝町の「上勝百貨店」。米・パスタ・醤油・ひじき……すべての食料品の量り売りを目指している。ファンが増えて県外から買い物客が訪れる。因みに、上勝町は二〇二〇年までにゴミをゼロにすることを議決し、「ゼロ・ウェイスト」を宣言した町として知られている。

量り売りは、包装容器を無くすことだけが目的ではない。不必要な買物を少なくするという効果もある。大瓶入りを買えば割安……と思いがちだが、余らせて捨てる分を考えると、結局は割高になることが多い。

大瓶入りは長期間使うことになり、腐敗を招きやすいので、合成保存料入りのものがほとんどだ。量り売りのものは短期間しか使わないので、合成保存料の必要性は無い。つまり、量り売りは健康・安全の面でのメリットも大きい。

量り売りは〝地産地消〟に繋がる。パックしていない商品や合成保存料が入っていない商品を、遠方から仕入れるのは困難だからだ。つくり手の顔が見える地産地消は、買う側にとっても安心だ。

有馬克子さん（福島県須賀川市）の月3万円ビジネスは「食料品の量り売り」だ。地元産で、農薬や合成保存料を使っていない食料品に限って量り売りをする。有馬さんは「銀河のほとり」という自然食レストランを経営している。量り売りは、自然食レストランのサイドビジネスだ。だから月三万円程度の売上でも成り立つ。

ダーチャ村

ダーチャというのは、ロシアの菜園付き別荘のことだ。日本の別荘は、金持ちが週末を

ロシアのダーチャ

過ごす豪華な家というイメージが強い。ダーチャは、週末に農業をする質素な家だ。都市郊外に建っている。一部の金持ちを除く大多数の人が所有している。旧ソ連時代にタダで支給されたからだ。因みにロシア語のダーチャは「与えられたもの」という意味だ。

ロシアの人はポテトと野菜をたくさん食べる。国内自給率はほぼ百%だ。そしてポテトの約89%、野菜の約79%がダーチャ産（二〇〇六年。ロシア統計局による）というから驚く。「家庭内自給率を高めれば国内自給率も高まる」というシンプルな理論の生きたモデルが、ここにある。

ロシア国民の大多数は都市で働いている。しかし給料は安く物価は高い。だから週末にダーチャで野菜や穀物を自分で生産する。日本の都会では、物価は高いが給料も高い……というのは、これまでの話。格差社会が進行している。物価も税金も健康保険料もさらに高くなるが給料は安くなる……と自分の将来を不安に感じている都会人は圧倒的に多い。だからといって田舎に移住する決意は生まれない。

仕事が無いからだ。

となれば、ウィークデーは都会で働き、週末は郊外で農業を愉しむというダーチャ村を提供してあげれば喜ばれる……と、兵庫県宝塚市の高草俊和・洋子ご夫妻は考えた。栃木県那須町の人見ナツ子さんも考えた。「ダーチャ村建設」だ。旧ソ連のようにタダでは与えない。驚くほど安いコストで提供する。

なぜ安いかというと、高草さんも人見さんも、月に三万円しか貰わないからだ。一軒から三万円ではなくて全部の家を合計して月三万円だ。安い理由がもう一つある。安い材料を使って、みんなで一緒につくるからだ。その方が愉しいいし、友情も深まる。

ロシアのダーチャでは、家族単位で農作業をする。農業に慣れているからだ。高草さんや人見さんのダーチャ村では、農作業に不慣れな人には手ほどきしてあげる。トラクターなどの農業機械の使い方も教えるし、貸して上げる。希望すれば、みんなで一緒に農業をする。地元の青年たちを交えた夕食会などにも誘う。その方が愉しいと思っているからだ。

田舎に移住して半農半X的な生き方をしたいと願っている都会人は多い。しかし、現実には移住できない。仕事も家も仲間も無いからだ。きっかけすら見つからない。だから、いきなり移住ではなくて助走が必要だ。田舎憧れ派の都会人にとって、ダーチャ村は福音かもしれない。

薬草カフェ

弟子たちに、この頃薦めている仕事の一つは「薬草カフェ」だ。「漢方薬店」ではない。漢方薬店というとお年寄りがゆくところ……という印象が強い。「ハーブティーの店」でもない。ハーブティーの店は女子高生が行くところ……というイメージがある。僕が薦める「薬草カフェ」は、健康なこと、美味しいこと、オシャレなことが好きな人が行く店だ。「美味しい・健康・オシャレ」は文化度の高い女性の共通の好みだ。そういう女性が、薬草カフェのファンになってくれる。

文化度が高い女性……というのは、生活の質（ＱＯＬ）を高めることが好きな女性のことだ。そして、ＱＯＬを高めようとする女性は、自分のライフスタイルの向上に留まらないで、地域の文化度を高めることにも熱心な人が多い。ひと昔前なら「市民活動家」という固いイメージだったが、今は違う。優しい人ばかりだ。新しい文明をリードする人とも重なる。そういう人たちが集まる拠点になるかもしれない。

薬草カフェでは、何種類もの薬草茶を飲めるが、コーヒーも飲める。ただし、煎りたて・挽きたて・淹れたての有機コーヒーだ。胃に優しくするために浅煎りにする。薬膳カレーや薬膳スイーツも愉しめる。ソフトクリームだって愉しめる。ソフトクリームは添加物が多くて不健康というイメージがあるが、薬草カフェのソフトクリームは合成添加物は無添加だが、味を良くし健康にもよい自然食品は添加する。

薬草茶も薬膳スイーツも、とびきり美味しくなくてはならない。健康に良いから少し不味くても……では、一度来店しても二度は来てくれない。「とびきり美味しいのに健康にもよい」、そしてオシャレなら、一度くれば二度来る。三度目には友人を連れて来てくれる。

韓国の薬草カフェ

薬草カフェのメニューは、仕入れ先も含めて材料をオープンにする。美味しくて健康によい……となれば、普段の生活にも採り入れたくなるから、レシピもオープンにする。「材料もレシピもオープンにしてしまうと、自分でつくるから店には来てくれなくなる」という心配は無用だ。それほどマメな人は滅多にいない。「オープンにすると競合店が現れる」という心配も要らない。もっと美味しく、もっと健康によく、もっとオシャレにする努力を続ければいいだけのことだ。

薬草を普段の生活に採り入れる人は、良い材料を仕入れたくなるはずだ。薬草は通販でも購入できるのだが、アヤシイものも含まれる。農薬だらけの薬草という、ブラックジョークのような例もある。だから、本当に良い材料を適切な価格で販売してあげる。喜ばれると同時に経営も安定する。

レシピを知っただけでは、実は美味しいものはできない。カンドコロが分からないからだ。そこで、時折ワークショップを開催する。一緒につくると仲良くなる。後述の仲間づくりの法則通りだ。薬草カフェのファンが増える。カフェとワークショップは相乗効果をもたらす。

薬草カフェ同士は競合しないでネットワークを組む。ネットワークというのは、まったく自由な仲間の繋がりのことで、フランチャイズチェーンとは異なる。フランチャイズチェーンではフランチャイジーはフランチャイザーに支配されていて、自立していない。ネットワークは、自立した人同士が自由に協力し合う。例えば、美味しいメニューを開発して教え合う。愉しいワークショップの開催の仕方も教え合う。時には薬材を共同で仕入れる。いいことがたくさんありそうだ。

薬草カフェはオシャレでなくてはならない。そうしないと流行らない。オシャレにするのに、余分なお金を使いたくない。お金を使うと、タクサン稼がなくてはならなくなる。

そうすると宣伝もしたくなる。人も雇いたくなる。儲けるために原価を下げたくなり、やがては合成添加物をも使いたくなる。いつもの、幸せから遠ざかるパターンだ。

だから、「お金を使わないでオシャレにする」ことが大事だ。「お金を使ってオシャレにする技術とセンス」なら世の中に満ち溢れている。そうではなくて、お金を使わないでオシャレにする技術とセンスが必要だ。若し、そういう技術とセンスをお持ちでないならば、仲間をつくればいい。ネットワークに参加してもいい。そして全面的に教えてもらえばいい。決して難しくはない。

山を手に入れてビレッジをつくる

渡辺章太君（二十七才）は、いま山を探している。十万坪くらいの山を五〇万円くらいで手に入れてビレッジをつくるつもりだ。章太君は非電化工房に一年間住み込んで修行に励んだ。パワーショベルを達者に使いこなせるから、開墾は難しくない。チェーンソーで木を伐採するのも得意だ。チェーンソーの切れ味が悪くなれば、刃の目立てだってできる。トラクターの運転にも慣れているし、井戸掘りもできるから、畑や水田を新たにつくることもできる。自家発電の技術も習得済だ。家も建てられる。穀物・野菜・芋・豆の栽培もマスターした。だから、ビレッジをつくるための技術は一通り会得してある。

章太君

百坪の土地を買おうとすると一千万円かかるのに、五〇万円で十万坪の土地を買える。とても面白いことだと思う。もちろん百坪の方は宅地で、十万坪は山林なのだが、これが今の日本の相場だ。先日もNHKテレビで「負動産の時代」という特集番組を放映していた。「不動産」の間違いではなくて「負動産」だ（クローズアップ現代二〇一九年十二月）。資産価値の無い山林を持っていると維持費や固定資産税が出てゆくばかりなので、売却したいが誰も買ってくれない。タダにしても買ってくれないので、買ってくれればお金を差し上げる……という話だ。不動産ならぬ「負動産」というわけだ。そういう時代になった。だから、十万坪を五〇万円で……は決して難しくはない。

若い人たちが移り住んでくれるビレッジを、章太君は思い描いている。自然の中で自給自足的な生活を愉しみたい。みんなと緩やかに仲良く暮らしたい。好きな技術も身に着けたい……そういう若い人が行ける場所、そういう場所をつくりたいから章太君は非電化工房に弟子入りした。ビレッジをつくるための技術を章太君は一通り身に付けたが、もちろん一人でビレッジをつくることはできない。だから章太君は仲間を募集している。ビレッジ建設の段階から加わる仲間だ。技術は無くてもいい。章太君が教えてあげる。実は、章太君は人に技術を教えるのが大好きだ。章太君と一緒にビレッジをつくってみたい人は、章太君にアプローチしていただきたい。

　お金が無くても、体力と時間と仲間が有れば、実はすごいことができる。大きな夢が実現できる。ただし、ほんの少し技術が要る。全員が技術を持つ必要は無い。仲間の中に一人いればいい。仲間の中に一人もいなければ、一人呼んでくればいい。章太君のビジネスモデルは、そういう新しい生き方の好例だ。

エピソード

Ⅵ

一番大切なのは仲間

夢を実現しようとするとき、新しいことにチャレンジするとき、そして生き方を変えようとするとき、必ず障害にぶつかる。障害にぶつかるのは前に進んでいる証拠なのだから、当たり前のことだ。障害の中身はいつも次の四つだ。

①**孤独**
②**貧困**
③**病**……身体の病、心の病
④**常識**……社会の常識、世間の常識、親・伴侶の常識、自分の常識

だから、この四つにぶつからないように、工夫する。ぶつかった時には克服する。

仲間をつくって、仲間と生きていれば孤独とは無縁だ。仲間がいれば、貧困には陥らない。仲間がいれば、病にもかかりにくい。病には心の病と身体の病があって、連関している。仲間がいれば、心の病にかかりにくい。そして、仲間がいれば、仲間の常識が強くなるので、常識が障害にならなくなる。常識とは闘わずに上手に調和する。孤立していると常識の壁は厚くなる。常識に負けるか、不調和に陥る。だから一番大切なのは、仲間の存

在なのだと思う。

友達と仲間は違う。友達は一緒に愉しむ間柄だ。幼馴染も会社の仲良しの同僚も友達だ。SNSで日常の出来事を頻繁にやり取りする相手も、赤提灯で酒を飲むのも友達だ。友達の存在は、日常を愉しくしてくれる。

仲間は共に生きる間柄だ。だから、生き方に共感が無ければ仲間はできない。仲間がいなければ時間をかけてでも、仲間をつくった方がいい。仲間と技術は一生の財産になる。

一生掛けてでも蓄積した方がいい。お金を失ってでも貯めた方が得だ。

1 仲間づくりの法則

仲間づくりの法則というのがある。僕が勝手につくった法則だ。「仲間がいない」「仲間のつくり方が分からない」という弟子のためにつくった。当たり前の事ばかりが並んでいる。参考にしていただくと、仲間ができやすい。

法則一　仲間がいないと生きてゆけない。

法則二　夢が無ければ仲間はできない。

法則三　夢を共にクリエイトし、夢の実現のために共に汗を流せば、必ず仲間になる。

法則四　自分のために仲間が何をしてくれるかを期待しない。仲間のために自分が何をして上げられるかのみを考えて振る舞う。代償は期待しない。

法則五　考え方と行動をすべて一致させようとしてはいけない。お互いの自由と個性を尊重し、重なる部分でのみ行動を共にする。

法則六　心を広くし、ステップを一つだけ前に進めれば仲間ができる。

以上終わり。簡単だ。夫婦の間柄でも、この法則にしたがえば仲間になれる。仲間になった夫婦は幸せだと思う。**法則一**は文字通りだ。仲間がいないと孤独という障害に行く手を阻まれる。停滞・後退の人生を余儀なくされる。

法則二も文字通りだ。仲間というのは、夢や使命を共有する間柄なのだから、そもそもの夢や使命感が無ければ仲間はできない。夢や使命感が希薄なら、希薄なりにステップを一つだけ前に進めてみる。ステップを前に進めるというのは、外に向かってアクションするということだ。夢になりそうなサークルに入ってみる……ということでもいい。アクションすれば必ずリアクションがある。リアクションがあれば、自分の中で化学反応が起きる。その化学反応を感じてみる。次のアクションを決めるのはその後だ。先に決めようとすると混乱が生じる。

法則三は最も大切な法則だ。自分で描いた夢に人を引っ張り込んでも仲間にはなってくれない。利害関係になってしまうことの方が多い。「夫のロマン、妻のフマン」という言い回しがある。僕がつくった言い回しだけど。夫が俄かにカントリーライフに熱を上げる。実は都会での競争に自信を失った裏返しの場合が多いのだが。田舎の中古物件探しや野菜づくりに熱中し始める。妻を誘うが相手にされない。よくある話だ。

そうではなくて、一緒に夢をクリエイトする。時間をかけて、愉しみながらというのがいいと思う。そして、一緒に汗を流してみる。きっと化学反応が起きる。仲間というのは、このようにしてつくられる。

法則四は当たり前のことだ。当たり前のことだが、いつも忘れる。忘れないようにしたい。人格が上がるかもしれない。**法則五**も当たり前のことだが、忘れてしまう。仲間になると、何もかも一致していなければ気が済まなくなる。つまり、価値観の多様性を否定してしまう。これは、昔の社会活動家のスタイルだ。少しの不一致をも許さずに争う。田舎の文化も価値観の多様性を否定しがちだ。多様性を肯定していたら村が成り立たないという生活環境から、こういう文化が育つ。こちらは現代にも引き継がれている。

最近の市民活動家はスマートだ。価値観の多様性を肯定し、重なる部分でだけ活動を共にする。重ならない部分は気にしないで笑い飛ばす。こういう人間関係の方が、愉しいし長続きするような気がする。

法則六は、仲間ができにくい人には、大切なことだと思う。待っていても仲間はできない。「どうせ私なんか……」というように心を狭くすると、ますます仲間はできない。だから、心を広くすることと、ステップを一つだけ前に進めることを同時にやる。ステップを前に進める……というのは、**法則二**のところで説明した通りだ。

2 アースデイ那須

アースデイ那須というイベントを二〇一〇年から始めた。僕が呼びかけ人だ。なぜ始めたかというと、若い人たちが孤立していて寂しそうだったからだ。二〇〇七年に那須町に移住してきて最初に気づいたことが、それだった。全国のクリエイティブな町と多く付き合いがあるが、それらの町は例外なく若者たちが元気で仲がよい。那須町はそうではなかった。だからアースデイがいいと思った。長年、各地のアースデイに付き合ってきたので若者たちが知り合って仲良くなるにはアースデイがいいと知っていたからだ。

実行委員になるのが、仲良くなるには一番だということも知っていたので、実行委員を数多く集めた。僕と妻とでアッチコッチでかけて、寂しそうな若者を実行委員に誘った。実行委員長は小山博子さんを指名した。指名した理由は、仲間がいなくて寂しそうだったからだ。最終的には実行委員が四十三人になった。年に一日だけのイベントだから、実行委員は数名で足りるのだが、仲間づくりが目的だから無制限に多くした。ボランティアスタッフも五十人集まった。非電化工房をメイン会場として、サテライト会場も三十二か所。人知れず（?・）いい活動をしている人たちの場所も知ってほしかったからだ。これだけの

アースデイ那須

陣営で当日の来場者が百人以下では笑い話になるところだったが、二千人くらいは来てくれた。

僕の期待をはるかに超えて若者が仲良くなった。その後もアースデイ那須は続いているのだが、「あのアースデイから那須は変わった」と言う人が少なからずいる。若者が仲良くなっただけではなく、元気にもなった。新しいビジネスがタクサン生まれた。カップルも数組誕生した。クリエイティブな町になった。

アースデイ那須の話は他所の町でも知られている。仲間づくり伝説が伝わったからだ。アースデイ日光など、アースデイ那須を参考にして始めた所も少なからずある。仲間がいなかったら、自分が実行委員長になってアースデイを始めてみてはどうだろうか。

3 非電化工房住み込み弟子

非電化工房には常時三〜八人の弟子が住み込んで、自立力の修行に励んでいる。四月から翌年三月までの一年間、合宿所で共同生活をする。弟子に応募すると、二泊三日のテスト弟子入りを経験してもらう。現役弟子と一緒に修行と共同生活を体験し、現実の修行生活をリアルに認識してもらう。ドリームランドと誤解していた青年は応募を取り下げる。

僕の方は弟子としての適性を見極める。競争率は高いので、僕は選べる立場にある。先ずは体力を見る。一年間の修行は身体を動かし放しだから、体力がなくてはもたない。次は性格。共同生活なので、暗い人・我儘(わがまま)な人・意地悪な人はご遠慮願う。共同生活が愉しくなくなってしまうからだ。

そして志(こころざし)。修行して力を着けて、どういう人生を送りたいのか。その思いを志と呼ぶことにしている。志が低いと、途中で脱落してしまう。志が高ければ、一年のハードな修行に耐えて自立力を身に付けて卒業する。十三年で百人ほどの卒業生を送り出しただけだが、概ね自立して幸せな人生を歩んでいると思う。地域にコミュニティや仕事や技術を生み出す役割を担っている人も多くいる。鍛えた側としては嬉しいことだ。

修行の中身は四つに分けられる。

①**自給力**……食べるもの、住む家、使うエネルギーを自分で生み出せる力、そして少ない支出のライフスタイルを愉しめる力

②**自活力**……仕事を生み出し、必要な現金は少なく働いて愉しく稼ぐ力

③**仲間力**……仲間を積極的につくって、仲間と愉しく生きる力

④**哲学**……どのように生きたいのか、どういう社会を目指したいのかを考える力

食べるものには、穀物・野菜・芋・豆・薬草等の栽培、味噌やワインや沢庵等の食品加工、料理やお菓子のつくり方が含まれる。家づくりには、大工仕事だけではなく、屋根、壁塗り、窓・ドア制作、家具制作、水道工事、トイレ工事、浄化槽設置、電気工事などのすべてが含まれる。これだけ修得しようとすると、普通だと一〇年か二〇年は掛かると思うが、それをたったの一年で学ぶのだから、修行はハードだ。朝六時からの早朝作業に始まり、夜は七時くらいまで励んでいる。修行だから給料はゼロ。三食寝泊まりはタダだけど、志が高くなければ続かない。

非電化工房では技術と仕事と生活を分離しないことにしているので、多くの技術を学ぶことは、多くのスモールビジネスに繋がることになる。折角の住み込み弟子なので、一つ

非電化工房住み込み弟子修行風景

広平君自作の軽キャン

技術を学ぶと、三つくらいのスモールビジネスを生み出せるように指導している。

非電化工房には全国から多くの人が来訪する。時には外国人も訪ねてくる。見学会やワークショップや塾に参加したり、非電化カフェに来店したり、相談事だったり……イロイロだ。自立型のライフスタイルを目指す人が大半だ。住み込み弟子は、これらの来訪者を世話したり、交流したりするので、仲間がタクサンできる点では恵まれている。

仲間が全国にタクサンいると、いいことがタクサンある。例えば沢田広平君。非電化工房主催の「地方で仕事を創る塾」の塾生の山口市在住の伊藤晶子さんと親しくなった。伊藤晶子さんは、山口県柳井市に移住してitonamicafeを経営している高崎郁也さんと親しい。高崎さんも同じ塾の卒業生だ。その繋がりで沢田広平君は柳井市を訪れた。そして高崎さんから宮本さんを紹介された。沢田広平君は宮本さんと意気投合した。

そして、宮本さんから古民家と店舗をタダで譲り受けた。いま沢田広平君は、ＩＴ技術者のための自給自足村の建設を愉しんでいる。彼自身がＩＴ技術者で、弟子入りする前は東京に住み、身も心もすり減らして働いていた。通信が発達したので、東京でなくても仕事はできるはずなのに、なぜか東京に住まないと仕事が回ってこない。家賃と光熱費で月に一三万円も出て行くので疲れ果てるまで働いても貯金は増えない。

修行中の沢田広平君

ならば、自立力を磨いて田舎に住み、支出を少なくすれば収入も少なくて済むはずだ。ＩＴの仕事も少しだけでよくなる。愉しい仕事や、能力が高くなる仕事だけを選べるはずだ。そう考えて非電化工房に来た。卒業後はまさに「少なく働いて幸せになる」生活を実現できている。仲間の意味は大きい。

＊　＊　＊　＊

阿部由佳さん自作の軽キャン

住み込み弟子だった阿部由佳さんは山形市出身だ。由佳さんは弟子修行中に多くの仲間ができた。多くの技術も学んだ。由佳さんの卒業後のビジネスモデルは「コミュニティカフェ&量り売りショップ」だ。コミュニティカフェといっても、ものつくりのワークショップも開催する。由佳さんがいることによって、地域にコミュニティが育ち、仕事や技術が生まれる……そういう存在になりたいと願っている。ものつくりワークショップの修練のために、自作の軽キャン（軽トラックキャンピングカー）に機材一式を積み込んで、由佳さんは出張ワークショップを行っている。北は北海道から南は福岡まで、由佳さんの活動範囲は広い。

由佳さんが行く所には、必ず仲間がいる。非電化工房住み込み弟子の一年間でつくった仲間だ。その仲間がワークショップ参加者を募集し、会場を準備して由佳さんの到着を待つ。由佳さんは小柄な可愛い女の子だし、大らかで明るい人柄の持ち主だ。その由佳さんが軽キャンを運転して遠くから来てくれる。ワークショップはいつも大盛況だ。ワークショップ参加者とも必ず仲良くなるので、由佳さんの仲間の数は増える一方だ。

由佳さんの自己紹介ページがあるので見ていただきたい。由佳さんに来てもらいたくなるはずだ。

https://abeyuka.com/activities_planned/nice_to_meet_you/

由佳さんが非電化工房住み込み弟子の紹介をしてくれたページもある。

https://abeyuka.com/hidenka/

4 地方で仕事を創る塾

都会に憧れる青年が、昔は大多数だった。今は違う。都会に住んでいる青年の半数は田舎で暮らしたいと願っている（日経新聞調査、二〇一四年）。しかし田舎に移住する青年はごく稀で、「田舎暮らし願望派」の大半は都会に留まり、身も心もすり減らして働いている。地方には仕事が無いからだ。仕事が無いならば、仕事を生み出せば良さそうに思うが、そう簡単ではない。そこで、「地方で仕事を創る塾」を二〇一〇年に開催した。

第二六期生を送り出して、この塾を閉じ、二〇二〇年からは「自立共生塾」に衣替えして継続している。一期生から二六期生まで、約四〇〇人がこの塾を卒業した。卒業生たちは全国各地で仕事を生み出し、自立の道を歩んでいる。卒業生の仲間意識は強い。同期生同士に留まらず、先輩・後輩にまで仲間の輪を広げて協力し合っている。

講座を開いたり、仕事の場をつくったりして、地域に仕事やコミュニティを生み出している卒業生も多い。埼玉県杉戸町在住の矢口真紀さんのことは、「愉しい仕事の生み出し方」の欄で紹介した。矢口さんは、いままでは埼玉県に留まらず、全国各地で女性起業家を育て、あわせて仲間の輪を広げている。

山形県鶴岡市の井東敬子さんも、女性のための仕事つくりの輪を広げている。井東さんは、月3万円ビジネスワークショップを何度も開催した。延べにすると三百人もの人が参加した。反響も大きかった。このまま続けて行けば、きっと愉しいことが起きる……と期待したが実際に起業した人は0。誰ひとりとしてアクションを起こした人はいなかった。

井東さんは、そこで一歩踏み込み、本気でビジネスをしたいという人だけを対象に、それを支援する場として〝ナリワイづくり工房@鶴岡〟を開いた。活動モデルは学校の〝部活〟。部活のノリで、好きなこと・得意なことを世の中に役立てて、それを小さなビジネス（＝プチ起業）にする。

例えば「放置された柿の木の手入れと柿の葉茶製造販売」。柿の問題点を部員の話合いで解決しつつ、ビジネスにするにはどうしたらいいか相談した。そして庄内柿の放置木に着目し、無農薬の柿の葉茶ビジネスを立ち上げた。

例えば「野の草花を使ったフラワーアレンジメント」。未活用素材の有効活用×得意分野でビジネスを実践する部長のもと、ワークショップ開催手順、会費の設定の仕方、材料の取得方法などのノウハウを学んだ。部員は、未活用素材の工夫の仕方などのアイディアを持参し、実践した。

九ヶ月の〝部活〟の結果、メンバー十一人中、八人がプチ起業に至った。メンバーの多

ナリワイづくり@鶴岡

くは子育て中のお母さんだった。家事や子育ての空いた時間に自分がやりたいこともしたい、それを誰かの役に立てたい……というお母さんばかりだった。主たる目的は〝収入〟ではなかった。そういう人たちが始めやすい仕事のカタチが〝ナリワイ〟だった……と井東さんは述懐する。〝鶴岡ナリワイプロジェクト〟のホームページには、活動内容が詳細にレポートされている。ぜひご覧いただきたい。ヒントに満ちている。勇気も生まれる。

http://tsuruokanariwai.com/

＊　＊　＊　＊

例えば、新潟県南魚沼市在住の田村香さん。二児の母だ。田村さんは「ナナシのマルシェ」を主宰している。南魚沼市で毎月一回開催される。毎月開催されるたびに名前が変わるので、ナナシ（＝名無し）。例えば七月は〝緑陰の市〟と名付けられた。農産加工品、お菓子、クラフト、ナチュラル雑貨などが展示販売された。

田村さんは、地域に仕事が生まれ、仲間の輪が広がり続けることを願っている。だから、閉鎖的になったり、マンネリに陥ったりしないように心がけている。毎回名前を変えるのは、そのための工夫の一つだ。もちろん、名前を変えるだけではなくて中身も新鮮にする。

ナナシのマルシェの最新版は「雪見展 in 池田記念美術館」と名付けられた。手づくりの帽子、古着でつくったクマ、山野草を使ったクラフト雑貨……などなど、地域の作家や趣味人の手作りのクラフトが展示販売された。自家製おこわなどの美味しいもの、パステルアートなどのワークショップも盛りだくさんだ。池田記念美術館ロビーに展示されている〝風の又三郎〟のデッサンコーナーも大勢の一日アーティストで賑わった。

このマルシェの入場者は約二千人。東京での話ではない。人口六万人足らずの雪深い南魚沼市での話だ。田村さんの願い通り、仲間の輪は確実に拡がっている。田村さんのナナシのマルシェのホームページをご覧いただきたい。http://uonumarche.com/

雪見展 in 池田記念美術館

5 自立共生塾のプログラム

「地方で仕事を創る塾」を引き継いで「自立共生塾」を二〇二〇年から開講した。この塾では、自給力と自活力と仲間力を半年がかりで磨く。この塾はオンライン塾にした。全国から気軽に参加できるようにするためだ。オンラインのメリットは他にもある。自立を実現した先輩へのインタビューができることだ。一方、オンラインのデメリットもある。

自給自足の技術トレーニングをしにくいことだ。そこで、非電化工房住み込み弟子が最近のトレーニング内容を報告することにした。動画を見せながら報告する。塾生も自給自足は初心者なので、住み込み弟子に感情移入してもらって、自分がトレーニングを受けている気分になってもらおう……という作戦だ。作戦は上手く行ったようで、今のところ評判がいい。

自立共生塾のプログラムを左に示す。字が小さくて見づらいかもしれない。自立共生塾のホームページを参照していただければ有難い。http://www.hidenka.net/jiritsujuku/index.htm

自立共生塾のプログラム

講座No.	自給講座	住込弟子の報告	仕事創り講座	制作課題	先輩インタビュー	哲学講座
1	幸せ度を上げる自給自足	非電化工房住み込み弟子が、毎回交替で1か月間の修行内容から五テーマを選んで、動画や実演をみせながら発表	好きなことを未来から見つける	ワインづくり	阿部由佳 山形市	今は文明の転換期
2	穀物のつくり方		好きなことを仕事にする		前田敏之 千葉県木更津市	自立して生きる
3	野菜のつくり方		愉しく支出を減らす	紐結び	矢口真紀 埼玉県杉戸町	共生社会とは
4	保存食品のつくり方		月3万円ビジネスとは		吉沢裕樹 静岡県南伊豆町	人間性豊かに生きる
5	薬草茶のつくり方		3Biz 実例 その1 その2	薬草茶	田村香 新潟県南魚沼市	地球に優しい生活術
6	家のつくり方		3Biz 実例 その3 その4		井東敬子 山形県鶴岡市	丁寧に生きる
7	水道工事の方法		3Biz 実例 その5 その6	ピクルス	佐藤文敬 富山県氷見市	魂を込めてつくる
8	薪のつくり方		お金をかけずにカフェを開く		小杉菜々 愛知県南知多町	自由に生きる
9	電気のつくり方		お金をかけずにキャンプ場経営	モビール	赤羽秀弘 長野県松本市	技術・仕事・生活の融合
10	熱のつくり方		お金をかけずにパン屋を開く		沢田広平 山口県柳井市	少なく働いて幸せになる
11	家具のつくり方		お金をかけずにB&Bを営む	タンドール	石蔵恵美 埼玉県小鹿野町	みんなでつくる
12	工芸品のつくり方		その他イロイロ		舛本弘樹 静岡県沼津市	一番大切なのは仲間

6 非電化工房ソウルのトレーニングプログラム

非電化工房ソウルを二〇一七年からスタートした。ソウル市のパク・ウォンスン市長からの要請に応じた。パク市長は市民活動家出身の人格者だ。僕は敬愛している。二〇一五年秋にパク市長と久しぶりに会った。その席でパク市長から要請された。

・韓国では多くの青年が希望を失いかけている。青年が希望を失うような社会を、僕たち大人はつくってはいけなかった。だから青年が希望を取り戻せるようにするのは大人の責務だ。

・日本の非電化工房は、希望を失いかけた青年がそこに行けば希望を取り戻せる……そういう場所だと知っている。

・ソウルにも非電化工房をつくってほしい。

全く同感なので、非電化工房ソウルを始めることにした。お金と場所はソウル市が提供する。僕は月に一週間ソウルに滞在して、年に十人ほどの弟子をトレーニングすることにした。僕がいない間は宿題をこなし、次の時に発表する。六人のスタッフが弟子たちの面

倒を見る。トレーニングの中身は（日本の）非電化工房住み込み弟子と同様だ。つまり

A. 自給自足技術の力……農産物・加工食品・家・家具工芸品・エネルギーを自分たちでつくる技術のトレーニング。

B. 自給自足的暮らし……自分達でつくったものを実際の暮らしに活かして愉しむトレーニング。

C. 仕事を生み出して稼ぐ力……好きなことを見つけるトレーニング。ビジネスモデルをつくり、完成度を高めるトレーニング。実際に商品をつくり、マルシェなどで販売するトレーニング。

D. 仲間をつくり共に生きる力……ワークショップで参加者を指導し、かつ仲間になるトレーニング。市民から仲間を募るトレーニング。市民活動に積極的に関わる練習。

E. 自立して生きるための哲学……時代認識と役割認識など、自立するための考え方と生き方を学ぶ。

これだけのことを一年でトレーニングする。相当なハードトレーニングだ。韓国の若者がいま置かれている状況は日本以上に厳しい。だから日本の若者以上の力を着けて上げたい。

非電化工房ソウル

そう思って厳しいトレーニングを課した。半分くらいは脱落するかもしれないと覚悟をしていた。しかし、一年目は十二人全員、二年目も十二人全員、三年目は十二人中十一人が脱落しないで卒業まで漕ぎ着けた。しょっちゅう涙を流しながらの青春熱血物語だった。自立力は見事に磨いた。ハードなトレーニングをみんなで助け合って凌いだので、仲間意識は強い。きっと一生の仲間を得たに違いない。

四年目からは弟子の新規募集はしないことにした。三十五人を育て上げたので、数は十分だ。三十五人が見事に自立して、幸せな人生を実現するようにサポートに徹する。結果を知れば、韓国の多くの青年が希望を取り戻すかもしれない。そのことを切に願っている。

エピローグ

アインシュタインはこう言ったそうだ。「ある問題を引き起こしたのと同じマインドセットのままで、その問題を解決することはできない」と。人類の生存が危ぶまれるほどの深刻な環境危機を前に、しかし、僕たちはいまだに、その危機を引き起こしたのと同じマインドセットのままで、その問題を解決できるかのように思い込み振る舞っている。化石燃料がだめなら原子力で、原子力が危険なら再生可能エネルギーで、食料危機なら遺伝子組み換えで、経済成長が問題なら、持続可能な開発で……という具合だ。

アインシュタインは、こうも言った。「狂気。それは同じことを繰り返しながら別の結果を望むこと」と。いま僕たちは狂気の時代を生きているのかもしれない。

そして僕たちはいま、文明の転換期を生きていることも間違いない。いまの狂気の時代を乗り越えなければ、次の文明の扉を開くことはできない。次なる文明は平和で持続的であってほしい。不安の無い社会であってほしい。自由に、クリエイティブに、誇り高く生きることができる人生であってほしい。狂気を招いた世代の一人としての責任を痛感しつつ、そう願わずにはいられない。

自立力を高め、共生力をも高める。それは、狂気の時代を愉しく生き抜くための確かな選択肢の一つだと僕は思う。努力が要るかもしれないが、辛さを愉しさが上回れば、努力することと自体が幸せに繋がる。だから、愉しく自立力を高めるアイディアをいっぱい提案してみた。二十年の間、弟子たちとやって上手くいったことだけを選んだから、愉しくできる可能性はありそうな気がする。

原稿を書き進めながら、実はジレンマに陥っていた。アイディアをたくさん書けば、具体的なレシピを書けない。本が部厚くなり過ぎるからだ。レシピを具体的に書こうとすると、今度はアイディアを少ししか提案できない。さて、数で行くか、具体性で行くか……結局、アイディアをたくさん提案する方を選んだ。いっぱいある中からワクワク探しをしていただきたい。ワクワクこそが、自立力を磨く原動力になると思う。

カンドコロだけは提示できたと思うが、具体的なレシピまでは書き及ばなかった。レシピ不足はインターネットや書籍で補っていただきたい。非電化工房のホームページ内を丹念に探していただけば、レシピが見つかるかもしれない。オンラインで開催している「自立共生塾」に参加していただくという手もある。非電化工房の住み込み弟子に応募するという過激（?）な選択肢もある。

二〇一九年の暮れに、この本の原稿を書き始めた。文明の転換期には、多くの困難に直面せざるを得ないことを書いていたら、新型コロナウィルス感染症が世界中に拡大し始めた。さっそく次なる困難の到来だ。このように、次々と困難が訪れる。そういう時代を僕たちはいま生きている。この程度の困難にうろたえているわけにはゆかない。困難に凜と立ち向かい、明るく克服してゆきたい。そのためには自立力を磨くことと、仲間を増やすこと……それが何よりも大切だと、改めて思う。

而立書房に、この本の出版をお願いした。自立だから而立というダジャレを狙ったわけではない。以前に「月3万円ビジネス」(晶文社)という本を書いた時にお世話になった編集者が倉田晃宏さんだった。倉田さんと昨年末に出会った際に、この本の構想を披露したら共感を得た。その倉田さんの現在の仕事場がたまたま而立書房だった……という、ささいな偶然に過ぎない。而立は論語の「三〇にして立つ」に由来する。「三〇歳になって、学問の基礎ができて自立できるようになった」という意味で、よく知られている。してみると自立と而立は意味が重なる。而立書房からこの本が出版された偶然に感謝したい。

この本では、自立のためのアイディアを多く示した。僕が生み出して、弟子たちが実践してくれたアイディアが多いが、中には弟子たちが生み出して実現したものもある。弟子たちが生み出したものについては名を記して披露したつもりだが、記し忘れたかもしれない。丁寧に確認する作業を、僕はいつも怠る。弟子たちは寛大で、「書き捨て御免」をいつも許してくれる。今回も許していただきたい。僕は発明家だから、よく知っている。アイディアを出すのは、いとも簡単だが、実践して結果に繋げるのは容易ではない。だから、弟子たちには、いつも感謝している。ありがとう。

二〇二〇年六月　那須町にて　藤村靖之

非電化工房　http:www.hidenka.net/

自立共生塾　http:www.hidenka.net/jiritsujuku/

［著者略歴］

藤村靖之（ふじむら・やすゆき）

1944 年生まれ。大阪大学大学院基礎工学研究科物理系専攻博士課程修了、工学博士。非電化工房代表。日本大学工学部客員教授。自立共生塾主宰。科学技術庁長官賞、発明功労賞などを受賞。非電化製品（非電化冷蔵庫・非電化掃除機・非電化住宅など）の発明・開発を通してエネルギーに依存しすぎない社会システムやライフスタイルを国内で提唱。モンゴルやナイジェリアなどのアジア・アフリカ諸国にも、非電化製品を中心にした自立型・持続型の産業を提供している。

〈非電化工房〉http://www.hidenka.net

著書に『月３万円ビジネス』『月３万円ビジネス 100 の実例』（晶文社）、『非電化思考のすすめ』（ＷＡＶＥ出版）、『テクテクノロジー革命』（辻信一との共著 大月書店）、『愉しい非電化』（洋泉社）ほか。

自立力を磨く（みが） お金と組織に依存しないで豊かに生きる

2020 年 12 月 10 日　初版第 1 刷発行
2022 年　6 月 30 日　　　第 2 刷発行

著　者　藤村 靖之

発行所　有限会社 而立書房
東京都千代田区神田猿楽町２丁目４番２号
電話 03（3291）5589 ／ FAX 03（3292）8782
URL http://jiritsushobo.co.jp

印刷・製本　中央精版印刷 株式会社

落丁・乱丁本はおとりかえいたします。

ISBN 978-4-88059-425-5　C0037

池内 了

2021.6.10 刊
四六判並製
288 頁
本体 1800 円（税別）

科学と社会へ望むこと

ISBN978-4-88059-427-9 C0040

科学技術社会と呼ばれる現代において、科学・技術は社会に福音をもたらすばかりではなく、大規模な事故や悲惨な事故の原因にもなっている。コロナ禍、原子力、ＡＩなど、同時代の動きを科学の目線で見つめ、解決のヒントを探る。

ヘンリー・ソロー／山口晃 訳

2020.12.25 刊
Ａ５判上製
320 頁
本体 2500 円（税別）

ヘンリー・ソロー全日記　1851年

ISBN978-4-88059-421-7 C0398

24 年間のあいだに書かれた 200万語からなる日記は、なぜ文学作品と呼べるのか——。研究者の間で「森の生活」以上の重要作とされ、作者が自身で選んだ日記という文章表現の全貌を翻訳する試み。

三浦 展

2020.5.10 刊
四六判並製
320 頁
本体 1800 円（税別）

愛される街　続・人間の居る場所

ISBN978-4-88059-419-4 C0052

近年の「まちづくり」には、住宅や商業地の範疇を超えたパブリックスペース・住み開きなど、多様な個人が集い交流のできる場所・活動が求められている。女性の活躍、子育て、シェア、介護等の観点から「愛される街」を考える。

ウンベルト・エコ／谷口伊兵衛、G・ピアッザ 訳

2019.5.25 刊
Ａ５判上製
224 頁
本体 2400 円（税別）

現代「液状化社会」を俯瞰する

ISBN978-4-88059-413-2 C0010

情報にあふれ、迷走状態にある現代社会の諸問題について、国際政治・哲学・通俗文化の面から展覧する。イタリア週刊誌上で 2000 年から 2015 年にかけて連載された名物コラムの精選集。狂気の知者Ｕ・エコ最後のメッセージ。

Ｒ・タゴール／神戸朋子 訳

2022.2.25 刊
Ａ５判上製変形
160 頁
本体 2000 円（税別）

幼な子ボラナト

ISBN978-4-88059-412-3 C0098

タゴールは 1920 年にアメリカを訪問した折、富への飽くなき追及が人間性を蝕んでいく様を見て心を痛めた。その反動から、幼な子の世界の真理を、「ボラナト（シヴァ神の別名）」の無欲でこだわりのない姿に託し、一冊の詩集として描き上げた。

福間健二

2020.7.10 刊
四六判上製
184 頁
本体 2000 円（税別）

休息のとり方

ISBN978-4-88059-420-0 C0092

みんなが愛されなくてはならない——。学生時代より映画と詩作の二つの領域で先見性と冒険性にみちた活動をしてきた詩人が、新型コロナの猛威が深刻化し、人と会わなくなった日々に、この先に待つ変化を思いながら構想した現代詩集。